Vera Dembski

Welche Folgen die Bargeldabschaffung haben kann

Argumente für und gegen bargeldlose Zahlungsmittel

Bibliografische Information der Deutschen Nationalbibliothek:

Die Deutsche Nationalbibliothek verzeichnet diese Publikation in der Deutschen Nationalbibliografie; detaillierte bibliografische Daten sind im Internet über http://dnb.d-nb.de abrufbar.

Impressum:

Copyright © EconoBooks 2020

Ein Imprint der GRIN Publishing GmbH, München

Druck und Bindung: Books on Demand GmbH, Norderstedt, Germany

Covergestaltung: GRIN Publishing GmbH

Inhaltsverzeichnis

Abbildungsverzeichnis

Tabellenverzeichnis

Abkürzungsverzeichnis

Abs.	Absatz
Art.	Artikel
BbankG	Bundesbankgesetz (Gesetz über die Deutsche Bundesbank)
BDSG	Bundesdatenschutzgesetz
BIP	Bruttoinlandsprodukt
BMF	Bundesministerium für Finanzen
EG	Europäische Gemeinschaft
etc.	et cetera
EU	Europäische Union
EWU	Europäische Währungsunion
EZB	Europäische Zentralbank
GDP	Gross Domestic Product
GG	Grundgesetz
i.d.R.	in der Regel
ifo	Institut für Währungsforschung
IRS	Internal Revenue Service
i.S.v.	im Sinne von
i.V.m.	in Verbindung mit
Mrd.	Milliarden
n. Chr.	nach Christus
OECD	Organisation for Economic Cooperation and Development
PoS	Point of Sale
sog.	so genannt
u.a.	unter anderem
vgl.	vergleiche

Symbolverzeichnis

Y	Einkommen
€	Euro
%	Prozent
$	US-Dollar

1 Einleitung

Am 4. Mai 2016[1] beschließt der EZB-Rat die Abschaffung der 500-Euro-Banknote. Die Ausgabe der Geldscheine wird gegen Ende 2018 eingestellt. Die Produktion des wertmäßig größten Scheines in der Europäischen Währungsgemeinschaft wird beendet. Die Notenbank Dänemarks hat angekündigt, ab 2017 keine neuen Kronen mehr zu drucken[2]. Auch in anderen europäischen Ländern ist Bargeld auf dem Rückzug. Seit 2011 sind Bargeldzahlungen in Italien nur bis zu einem Betrag von 999,99 Euro möglich, in Frankreich sind nur noch Barzahlungen bis 1000 Euro erlaubt (vgl. Beck & Prinz, 2015, S. 515). Seit Februar 2016 ziehen auch die versammelten EU-Finanzminister eine einheitliche Bargeldobergrenze innerhalb der Europäischen Währungsunion in Erwägung (vgl. Eilfort & Raffelhüschen, 2016, S. 3).

> „Mit der Entscheidung der Europäischen Zentralbank, die Produktion und Ausgabe der 500-Euro-Banknote einzustellen und den derzeitigen Überlegungen zur gesetzlichen Begrenzung von Bargeldzahlungen in Deutschland bzw. EU-weit, hat die Diskussion um eine Abschaffung von Bargeld deutlich an Intensität gewonnen (Noack & Philliper, 2016, S. 5)".

Die Abschaffung von Papiergeld soll zum einen die Bekämpfung der organisierten Kriminalität und der Schwarzarbeit verbessern, zum anderen soll sie einen erneuten Kontrollgewinn der Zentralbanken ermöglichen. Kritiker befürchten, dass die Beschränkungen einen Schritt in die Richtung einer totalitären Überwachung darstellen. Die Debatte geschieht vor dem Hintergrund eines global veränderten Zahlungsverhaltens gefördert durch Innovationen auf der Basis des technologischen Fortschritts (vgl. Noack & Philliper, 2016, S. 5). In der Umsetzung sollen große Banknoten Schritt für Schritt abgeschafft, während kleinere Scheine und Münzen langfristig oder gar unbefristet beibehalten werden (vgl. Rogoff, 2016, S. 9).

Zu Beginn der Arbeit wird ein Überblick über das Thema der Bargeldabschaffung gegeben. Hierbei werden begriffliche Grundlagen, die Funktionen von Bargeld und die Veränderungen von Zahlungsmittel im Laufe der Zeit dargestellt. Im Hauptteil wird die gesamte Debatte in vier Hauptargumente gegliedert, während im letzten Abschnitt zwei weniger relevante Punkte prägnant zusammengefasst werden.

---

[1] EZB: Pressemitteilung vom 20.05.2016.

[2] Diese Information stammt von einer Rede von Thiele (Vorstand der Deutschen Bundesbank) vom 2.12.2015 in Berlin.

Ziel der Arbeit ist es, die aktuelle Diskussion über eine Abschaffung des Bargeldes wissenschaftlich, detailliert und anschaulich darzustellen. Es existieren bereits zahlreiche Publikationen bzw. wissenschaftliche Arbeiten, die sich mit dem Thema auseinandersetzen, jedoch meist mit der Präferenz eines Standpunktes oder fehlendem Überblick über die Gesamtsituation. Diese Arbeit soll einen Rundumblick auf die in der Debatte genannten Argumente ermöglichen, die Plausibilität dieser erörtern und mögliche Folgen einer Abschaffung darstellen.

2 Bargeldabschaffung im Überblick

In Kapitel 2 werden einige für das Thema relevante Begriffe genauer erklärt. Anschließend wird ein Einblick in die Funktionen gegeben, die Bargeld im aktuellen Wirtschaftsgeschehen hat, sowie Veränderungen der Zahlungsmittel im Laufe der Zeit aufgezeigt und eine denkbare Umsetzung der Bargeldabschaffung in Zukunft erläutert.

2.1 Begriffliche Grundlagen

Um besser in die Thematik der Debatte einführen zu können, werden vorab einige Begriffe zum Verständnis der in Kapitel 3 folgenden Argumente erläutert. Definiert werden die Begriffe *Bargeld, Abschaffung* in Bezug auf Bargeld und *alternative Zahlungsmittel.* Darüber hinaus wird ein Kurzüberblick über die Handlungsweise der *Wirtschafts- bzw. Geldpolitik* gegeben.

Unter *Bargeld* werden Banknoten und Münzen verstanden, die auf einen konkreten Betrag in einer bestimmten Währung lauten. Münzen stellen eine Ergänzung zum Papiergeldumlauf dar und sind für kleinere Zahlungen vorgesehen. Ist ihr Nennwert höher als der Metallwert, wie z.B. beim Euro oder US-Dollar, wird von Scheidemünzen gesprochen. Im Euro-Währungsgebiet gelten Banknoten als einziges, unbeschränktes gesetzliches Zahlungsmittel. Im Gegensatz zu Banknoten sind Münzen nicht unbeschränkt gesetzliches Zahlungsmittel. Im Euroraum ist der Gläubiger z.B. nicht verpflichtet, mehr als 50 Münzen pro Zahlung anzunehmen.

Banknoten werden von einer staatlich befugten, unabhängigen Stelle, der Zentralbank ausgehändigt (vgl. Böhle, 2004, S. 673). Die Zentralbank verfügt über ein Notenmonopol. Im Euroraum sind die EZB und die nationalen Zentralbanken zur Ausgabe von Geldscheinen berechtigt. Das Volumen der in Umlauf gebrachten Noten wird ausschließlich über die Nachfrage bestimmt. Um diese zu erwerben, nehmen Geschäftsbanken i.d.R. Kredite bei Zentralbanken auf (vgl. Mussel, 2011, S. 25). Im Wirtschaftskreislauf existieren zwei Arten von Geld, Bargeld und Giralgeld (vgl. Blanchard & Illing, 2009, S. 113).

Unter einer *Abschaffung* wird eine Handlung verstanden, die etwas ungültig oder nicht mehr existent macht (vgl. Duden, 2016). In Bezug auf Bargeld würde die Wirkung als gesetzliches Zahlungsmittel außer Kraft gesetzt und dieses schrittweise dem Wirtschaftskreislauf entzogen. Rogoff (2016, S. 123ff.) wendet sich der Frage zu, wie in der praktischen Welt eine Abschaffung etabliert werden könnte. Zur zukünftig weiteren Vorgehensweise wird vorgeschlagen, Banknoten mit großem

Wert Schritt für Schritt abzuschaffen (vgl. Rogoff, 2014, S. 1). Im Laufe der Zeit werden immer niedrigere Stückelungen erreicht, bis schließlich das Bargeld in seinen Funktionen vollständig eingeschränkt wird. Rogoff (2016, S. 123ff.) sieht das Hauptziel der Abschaffung darin, wiederholte, umfangreiche und anonyme Zahlungen zu erschweren. Darüber hinaus soll der heimliche Transport und die Lagerung großer Bargeldmengen erschwert werden. Der Wandel muss jedoch langsam stattfinden und sich über mindestens fünf bis zehn Jahre erstrecken. Ein schrittweises Vorgehen verhindert eine exzessive Umwälzung und gibt den Institutionen und der Bevölkerung Zeit, sich anzupassen. Darüber hinaus muss Menschen mit geringen Einkommen und ohne eigenes Bankkonto Zugang zu kostenlosen, einfachen Guthabenkonten gewährt werden. Im Idealfall können diese Kosten direkt vom Staat getragen werden. Im Prinzip lautet die Zielsetzung kleine, anonyme Transaktionen zu ermöglichen, z.B. bis ein paar hundert Dollar, während gleichzeitig große, komplett anonyme Zahlungen nur durch illiquide und kostenintensive Transaktionsmethoden durchgeführt werden können.

Ab dem Zeitpunkt des Eintritts einer vollständigen Abschaffung ist die Bevölkerung auf *alternative Zahlungsmittel* angewiesen. Neben dem Bargeld existieren bereits alternative Formen von Zahlungsinstrumenten. Unter Zahlungsmittel werden Geld i.S.v. Bargeld und geldnahe Objekte, die unmittelbar Zahlungsmittelfunktionen übernehmen können, da sie leicht liquidierbar sind, verstanden (vgl. Büschgen, 2012, S. 1174). Eine Zahlung wird durch die Übertragung eines Zahlungsmittels von einem Wirtschaftssubjekt auf ein anderes zur Begleichung einer Verbindlichkeit definiert. Daneben können Zahlungen mit Giralgeld bewirkt werden, was unbar geschieht. Der unbare Zahlungsverkehr ist zwingend auf Zahlungsverkehrsinstrumente angewiesen. Im Laufe der Zeit haben sich diese unter der Verwendung neuer technischer Möglichkeiten immer weiter differenziert. Sie lassen sich in vier Kategorien unterteilen: Internetfähige Zahlungsinstrumente des Giroverkehrs, wie z.B. Überweisungen, elektronisches Geld, wie z.B. Bitcoin-Systeme, virtuelle Guthaben-Konten, wie z.B. PayPal und Aggregationssysteme (vgl. Böhle, 2004, S. 673). Als besonders geeignetes Bargeldsubstitut werden sog. Kryptowährungen beschrieben. Ziel dieser Währungen ist es, bargeldlosen Zahlungsverkehr ohne die Abhängigkeit, Aufsicht oder Mitwirkung von Banken und Behörden zu ermöglichen. Ein Beispiel hierfür ist die bereits bestehende Digitalwährung Bitcoin, die im Internet mit der Nutzung eines speziellen Browsers nahezu anonyme Zahlungen ermöglicht (vgl. Sorge, 2015, S. 521). Bitcoin ist ein System, welches zum Bezahlen von Waren und Dienstleistungen eingesetzt werden kann. Der Preis von Gütern oder

Dienstleistungen kann in der Einheit „Bitcoin" angegeben werden. Im Wesentlichen besteht es aus einem Verfahren, das Überweisungen zwischen Konten der Nutzer ermöglicht. Für die Benutzer entsteht jedoch ein großes Risiko an Wechselkursverlusten. In Abbildung 1 ist erkennbar, dass der Wechselkurs des Bitcoins im Gegensatz zum Dollar erheblich schwankt. Daraus folgt, dass der Wechselkurs mit anderen Währungen ebenfalls nicht konstant gehalten werden kann (vgl. Sorge & Krohn-Grimberghe, 2013, S. 721f.).

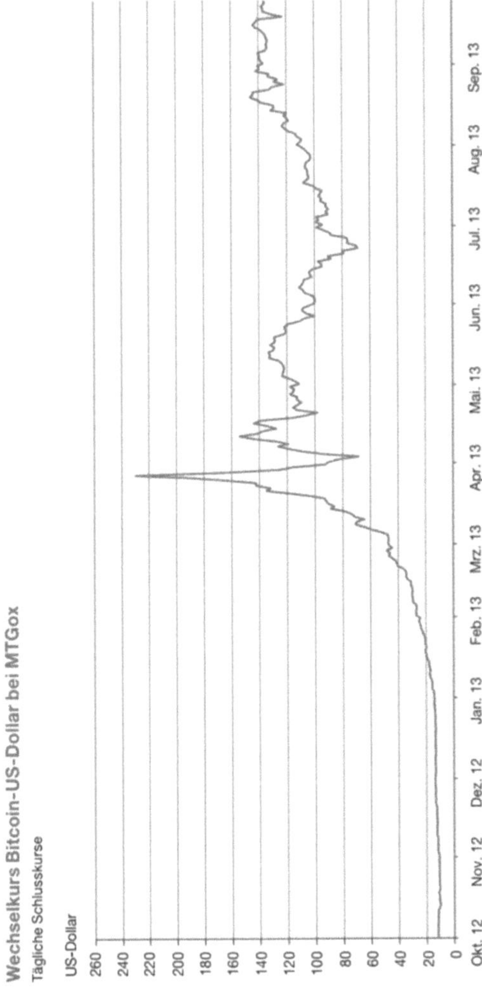

Abbildung 1: Wechselkurs Bitcoin-US Dollar (Sorge & Krohn-Grimberghe, 2013, S.722).

Das Bitcoin-System wird nicht als vollständig anonymes Bezahlverfahren imengeren Sinne bezeichnet, da es auf Konten basiert. Ein Nutzer kann dies teilweise umgehen, da man beliebig viele Bitcoin-Adressen bzw. Konten anlegen kann. Jedoch sind sämtliche Transaktionen öffentlich, sodass beispielsweise das Trans-ferieren von Guthaben zwischen eigenen Konten deren Zusammengehörigkeit offenlegt. Dennoch wird Bitcoin als sehr gutes alternatives Zahlungsmittel zum Bargeld gehandelt (vgl. Sorge, 2015, S. 521).

Um das Argument des Kontrollgewinns der Zentralbanken in Kapitel 3.1 besser darstellen zu können, wird im Folgenden die Handlungsweise der *Wirtschafts-* bzw. *Geldpolitik* prägnant skizziert. Dieser Ansatz wird bewusst gewählt, da gegenwärtige Handlungsbeschränkungen der Zentralbanken zum Hauptargument für eine Abschaffung des Bargeldes führen.

Prinzipiell wird davon ausgegangen, Wirtschaftspolitik würde stets rational betrieben. Dies impliziert den Ansatz der Politik an den Ursachen der Fehlerentwicklung. Aus den aus der Wirtschaftstheorie gewonnenen Erkenntnissen kann die Politik im Anschluss adäquate Handlungen ableiten. Als oberstes Ziel gilt die Preisniveaustabilität, die als Primäraufgabe in Art. 105 des EG-Vertrages verankert ist. Für die Durchführung der Geldpolitik im Euro-Währungsraum ist die EZB verantwortlich. Zusätzlich hat Geldpolitik die Aufgabe, die Wirtschaftspolitik zu unterstützen und gesetzlich geregelte Ziele zu erreichen (vgl. Mussel, 2010, S. 163-164).

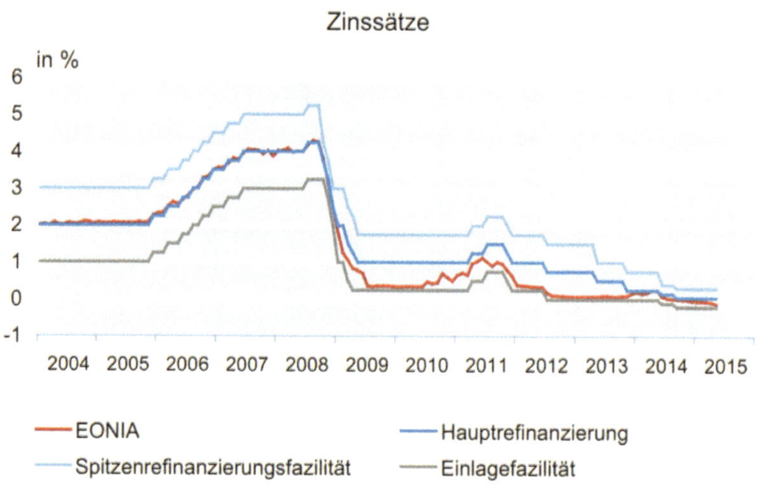

Abbildung 2: Zinsinstrumente der EZB (Thiele, 2015, S. 4).

Um zu erläutern, welche Art von Instrumenten von Zentralbanken zur Handlung in Anspruch genommen werden können, wird Abbildung 2 herangezogen. Zur Darstellung sind die verschiedenen Leitzinsen der Europäischen Zentralbank von 2004 bis 2015 aufgetragen. Geschäftsbanken sind auf den Leitzins, auch Hauptrefinanzierungssatz, in blau dargestellt, angewiesen, um Liquidität in Form von Krediten zu erlangen. Liquidität benötigen Geschäftsbanken, um Mindestreserven bei Zen-tralbanken zu halten und Bargeld an Kunden auszuzahlen. Die Zentralbank ist mit Hilfe dieser Maßnahmen in der Lage, die Aktivität einer Volkswirtschaft mittels des Leitzinses zu beeinflussen (vgl. Rogoff, 2016, S. 156ff.). Das geldpolitische Instrumentarium der EZB wird in drei Gruppen eingeteilt: Offenmarktgeschäfte, ständige Fazilitäten und Mindestreserven (siehe Abbildung 3).

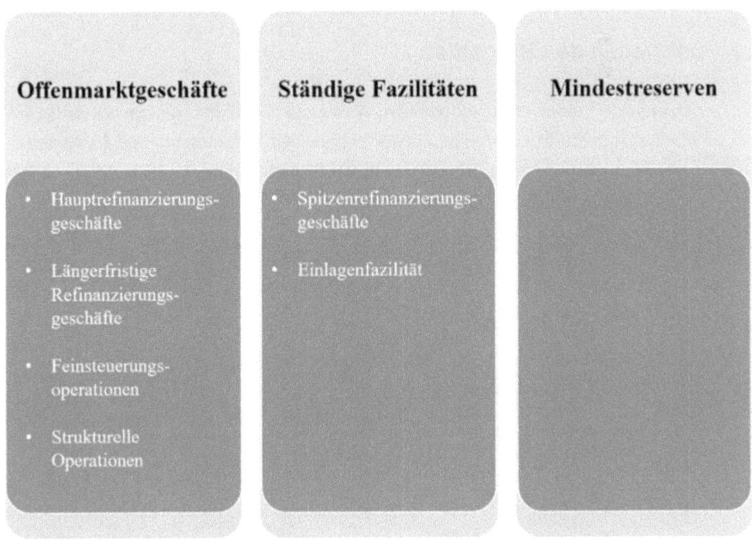

Abbildung 3: Geldpolitische Instrumente des Eurosystems im Überblick [3].

Die Zentralbank legt mit den verfügbaren Instrumenten die Konditionen fest, zu denen sie Geschäftsbanken Zentralbankgeld zur Verfügung stellt. Auf diese Weise wird das Geschehen auf dem Geldmarkt gesteuert. Technisch wird dies durch die Festsetzung der Menge an Liquidität sowie deren Preis, also der Zinssätze, umgesetzt. Will die Zentralbank die Vergrößerung der Geldmenge drosseln, so werden

---

[3] Eigene Abbildung in Anlehnung an Mussel (2011, S. 209).

die Instrumente restriktiv eingesetzt. Die Bereitstellung von Zentralbankgeld wird verringert bzw. die Preise dafür erhöht. Umgekehrt gilt dies für den Einsatz von expansiven Mitteln. Der Schwerpunkt des Instrumenteneinsatzes der EZB liegt in Offenmarktgeschäften. Aus Abbildung 3 geht hervor, dass deren Abwicklung auf verschiedenen Arten basieren kann. Das Instrument der ständigen Fazilität gibt Banken die Möglichkeit, aus eigener Initiative Einfluss auf ihre Liquiditätsposition auszuüben. In dieser Situation legt die EZB die Zinssätze fest, Geschäftsbanken entscheiden über Beträge. Mit dem Spitzenrefinanzierungssatz, hellblau in Abbildung 2, kann sich eine Bank jederzeit Zentralbankgeld beschaffen (vgl. Mussel, 2010, S. 208ff.). Dass die aktuelle Geldpolitik in ihrer Handlungsweise beschränkt ist und eine Abschaffung des Bargeldes eine Lösung des Problems darstellen kann, wird in Kapitel 3.1 dargestellt.

2.2 Funktionen des Bargeldes

„In unserer modernen arbeitsteiligen Welt erfüllt Geld ganz bestimmte Aufgaben, ohne die ein Funktionieren moderner Volkswirtschaften nicht möglich wäre. Es steht dabei den Wirtschaftssubjekten sowohl als Bargeld, als auch Giralgeld bzw. Buchgeld zur Verfügung (Noack & Philliper, 2016, S. 7)."

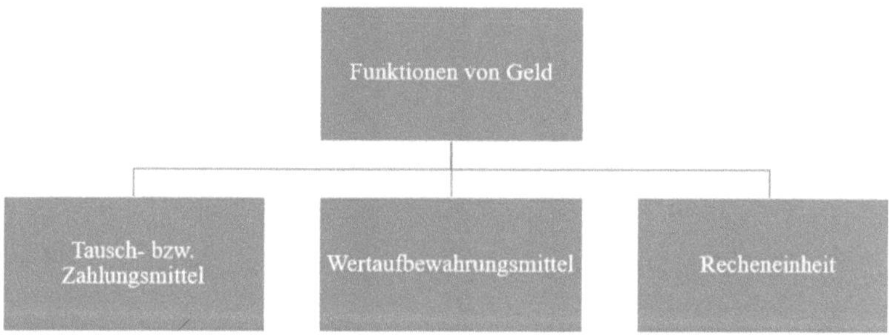

Abbildung 4: Funktionen des Geldes[4].

Im klassischen Sinn erfüllt Geld in Form von Banknoten oder Giralgeld die Funktion eines Tauschmittels, eines Wertaufbewahrungsmittels und einer Recheneinheit (siehe Abbildung 4). Hierbei treten einige Unterschiede zwischen Bar- und Buchgeld auf (vgl. Noack & Philliper, 2016, S. 7).

---

[4] Eigene Abbildung in Anlehnung an Mussel (2011, S. 17ff.).

Geld agiert als allgemein akzeptiertes Zahlungs- und Tauschmittel. In dieser Funktion wird sein ökonomischer Ursprung begründet. In einer modernen Volkswirtschaft mit hohem Grad an Arbeitsteilung existieren zahlreiche einseitige Wertübertragungen. Beispiele hierfür sind Steuerzahlungen, Erbschaften oder Geldstrafen (vgl. Mussel, 2010, S. 17). Bargeld fungiert in der Gesellschaft sowohl als Zahlungs-, aber auch als Tauschmittel. Bei sehr großen Summen kann es jedoch an physische bzw. gesetzliche Grenzen stoßen (vgl. Noack & Philliper, 2016, S. 7).

Papiergeld wird nur dann von der Bevölkerung hinreichend angenommen, wenn es als Gegenleistung im Gütertausch oder als Entlohnung akzeptiert wird. Nutzern muss es möglich sein, darauf zu vertrauen, es mit stabilem Wert im Gütertausch wieder einsetzen zu können. Aus diesem Grund unterliegen Zentralbanken dem Gebot der Sicherung der Preisstabilität (vgl. ebd., S. 7). Die Tatsache, dass Geld in seiner Eigenschaft auch als Zwischentauschgut zu einem späteren Zeitpunkt für Tauschhandlungen oder Zahlungen zu verwenden ist, impliziert die Funktion des Wertaufbewahrungsmittels. Es dient als Wertspeicher. Der Zeitpunkt der weiteren Wertübertragung wird zu Beginn einer Transaktion nicht festgelegt. Hierbei wird von einer Thesaurierungsfunktion gesprochen (vgl. Mussel, 2010, S. 18). Sowohl Bar- als auch Buchgeld haben die Funktion eines Wertspeichers inne (vgl. Noack & Philliper, 2016, S. 7). In einer Studie belegen Beck und Prinz (2015, S. 515f.), dass Bargeld auch in größeren Dimensionen als Wertspeicher fungieren kann. Durch ein Beispiel wird der Sachverhalt erläutert: Im Euroraum werden kleine Geldscheine hauptsächlich innerhalb der Währungsunion nachgefragt, während die Nachfrage nach größeren Banknoten vom kurzfristigen Zinssatz, den Schwankungen der Inflationsrate und dem Wechselkurs abhängt. Letzteres gilt als Indiz für die ausländische Nachfrage an Euro-Banknoten und als Beweis für eine Wertspeicherung von Papiergeld im Ausland. Bargeld ist nach wie vor eine der größten Komponenten in der Bilanz der meisten Notenbanken: In der Bilanz der EZB beläuft sich der Banknotenumlauf 2014 auf rund 1 Billion Euro (siehe Abbildung 5).

Abbildung 5: Gesamtwert Banknoten Europäische Währungsunion (Beck & Prinz, 2015, S. 516).

Schätzungen von Krüger, Fisher und Seitz (2004) zufolge werden nur ca. 30% der Euro-Bargeldmenge für inländische Transaktionen genutzt, die restliche Menge außerhalb der Eurozone gehortet oder zirkuliert.

Papiergeld ist in der Öffentlichkeit tief verwurzelt, trägt einen symbolischen Wert und prägt das Bild der Regierung und des Landes (vgl. Rogoff, 2014, S. 1). Global hat Bargeld zusätzlich die Funktion, eine Vertrauensbasis für die Bevölkerung zu schaffen. Das Aufkommen der Bargeldbestände steigt in den vergangenen Jahren trotz des technologischen Fortschrittes kontinuierlich an. In der Bilanz der EZB liegt der Banknotenbestand 2009 noch bei knapp 700 Milliarden Euro, während dieser bis 2015 auf über eine Billion steigt (siehe Abbildung 5). Im Vergleich zu anderen Industrienationen ist der Bargeldumlauf im Verhältnis zum BIP in Deutschland sehr hoch (vgl. Beck & Prinz, 2015, S. 516). Banknoten sind als Teil des Zentralbankgeldes das liquideste Zahlungsmittel. Ebenso kann es bei der Funktion des Geldes als Wertaufbewahrungsmittel einen Unterschied machen, ob Bar- oder Buchgeld gehalten wird, da Zufluss- und Ausgabedatum von Einkommen zeitlich auseinanderfallen und Einkommen dementsprechend zwischenzeitlich aufbewahrt bzw. gespart wird, auch in Bargeld (vgl. Noack & Philliper, 2016, S. 7).

Die dritte Funktion ist die eines Wertmessers bzw. einer Recheneinheit. Sämtlichen ökonomischen Transaktionen wird eine Bewertung vorausgesetzt. Es bedarf einem Vergleichsmaßstab angesichts der Heterogenität, der auf den Märkten getauschten Objekte. Geldeinheiten, die in der Lage sind, alle Preise auszudrücken, bieten sich zu diesem Zweck an. Mit Hilfe von Rechenoperationen sind alle ökonomischen Transaktionen durchzuführen (vgl. Mussel, 2010, S. 18). Die Funktion der Recheneinheit trifft auf Bargeld in vollem Umfang zu (vgl. Buiter, 2009, S. 6).

2.3 Zahlungsmittel im Wandel

Erst mit der Erfindung der Münze vor ca. 2600 Jahren wird es für Geschäftsleute möglich, rund um das Mittelmeer weiträumig Handel zu betreiben (vgl. Milkau, 2013, S. 20). Das erste sichere Zahlungsmittel, das die Aufbewahrung und Zahlung von Waren erleichtert, entsteht. Banknoten haben im Vergleich zur Münze eine kurze geschichtliche Entwicklung (vgl. Siekmann, 2012, S. 10). Rudimentäre Formen von Papiergeld kursieren zwar schon im 7. Jahrhundert n. Chr. in China, zu dieser Zeit werden diese aber nicht weit verbreitet (vgl. Fish & Whymark, 2015, S. 4).

In der westlichen Welt wird die papierene Form der Bezahlung erst im 16. Jahrhundert in Gebrauch genommen. Zu Beginn handelt es sich um Quittungsscheine für hinterlegte Münzen oder Edelmetalle. Vor allem bei norditalienischen oder niederländischen Händlern entsteht früh ein Bedürfnis, die Dokumente anstelle von schweren Gold- und Silbermünzen mit sich zu führen. Diese gelten als unpraktisch, teuer und gefährlich. Im Laufe des 17. Jahrhunderts werden von den ersten Finanzinstituten Scheine ausgegeben, die das Recht auf eine festgelegte Menge an Edelmetallen oder Münzen ohne das Zustandekommen einer tatsächlichen Einlage verbriefen. Aufgrund dieser Maßnahme sind die Banken in der Lage, Finanzinstrumente in Umlauf zu bringen, deren summierter Nennwert den Wert der hinterlegten Güter übersteigt. Der Begriff *Banknote* für alle Dokumente, die Ihren Besitzer ohne Nachweis dazu berechtigen, den jeweiligen Gegenwert zu beanspruchen, entsteht. Bis Mitte des 20. Jahrhunderts sind viele Dokumente in dieser Form in Gebrauch, in Deutschland bis 1937. „Als entscheidende Eigenschaft von Geld gilt lange Zeit, dass die Finanzverwaltung eines Staates diese Papiere als Zahlungsmittel für Gebühren oder Steuern akzeptierte (Siekmann, 2012, S. 12)." Erst ab dem Jahr 1910 müssen Banknoten der Reichsbank überall als gesetzliches Zahlungsmittel akzeptiert werden (vgl. Siekmann, 2012, S. 12).

Im Bereich des elektronischen Bezahlens haben sich seit 1920 fortschrittliche Technologien etabliert. In Abbildung 6 ist die Entwicklung der Technologie der Kartenzahlung von den Ursprüngen über die verschiedenen Formen des Plastikgeldes bis hin zu Mobile Payments in den Vereinigten Staaten von Amerika dargestellt. Einen großen Einfluss auf die Entwicklung des Zahlungsverkehrs hat seit einigen Jahren die Verbreitung von Mobiltelefonen und Smartphones (vgl. Milkau, 2012, S. 21).

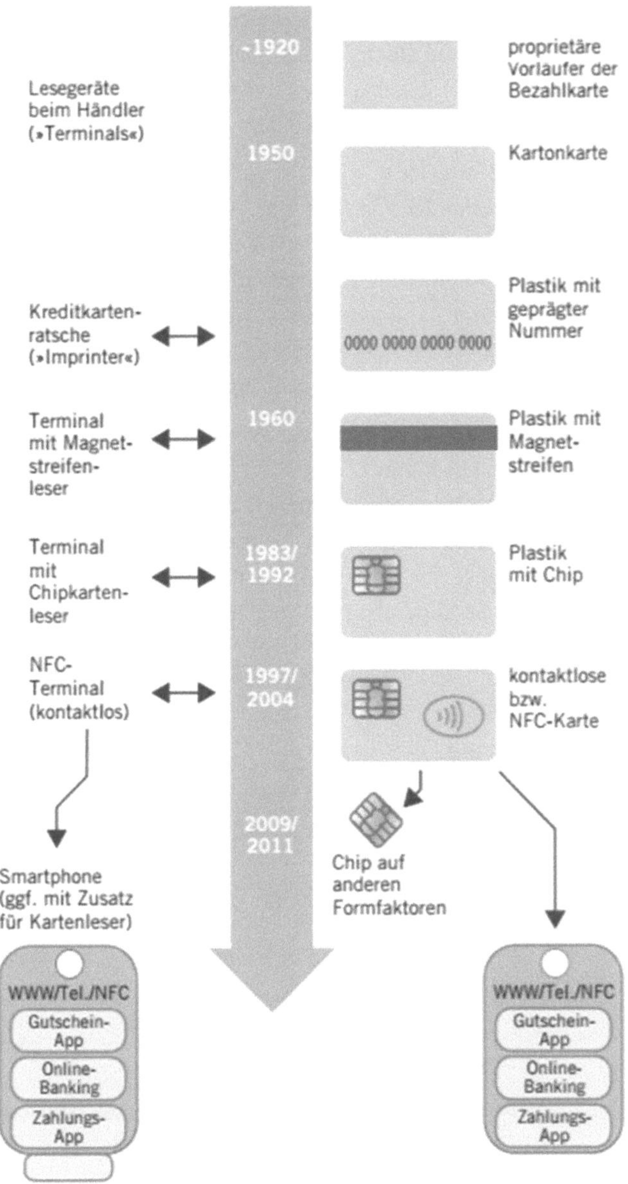

Abbildung 6: Technologische Entwicklung der Kartenzahlung (Milkau, 2012, S. 22)[5].

Das aktuelle Zahlungsverkehrssystem, wie es beispielsweise in Deutschland existiert, setzt sich aus einem elektronischen Zahlungsverkehr, wie z.B. Überweisungen, Kartenzahlungen, Mobile Payments und Lastschriften, in Verbindung mit dem Bargeldkreislauf zusammen (vgl. ebd., S. 21).

Im Jahr 2005 ruft MasterCard, eines der größten Kreditkartenunternehmen der Welt, in den Medien den *War on Cash*[6] aus. Seit diesem Zeitpunkt werden immer wieder Vorschläge laut, Bargeld vollständig abzuschaffen (vgl. Rösl & Seitz, 2015, S. 525). Auf einer Ifo-Konferenz 2015 spricht sich Rogoff dafür aus, Bargeld langsam und schrittweise auslaufen zu lassen. Spätestens seit der Einführung von Bargeldobergrenzen und einem Spiegelinterview[7] von Bofinger gelangt die Diskussion auch an die deutsche Öffentlichkeit (vgl. Krüger & Seitz, 2015, S. 9).

Gesetzliche Vorschriften sind bereits veranlasst, um die Verwendung von Bargeld zu verbieten, die eine bestimmte Grenze übersteigt. In vielen EU-Ländern werden Obergrenzen für Barzahlungen eingeführt (siehe Abbildung 7), darunter beispielsweise in Belgien, Griechenland, Polen, Portugal und Tschechien. In Frankreich wird Ende 2015 nach den terroristischen Attentaten die Bargeldobergrenze von 3000 Euro auf 1000 Euro herabgesetzt (vgl. Quitzau, 2016, S. 5).

---

[5] Die Jahreszahlen beziehen sich jeweils auf die ersten Wurzeln der Technologie.
[6] Krieg gegen das Bargeld.
[7] Das Interview fand im Mai 2015 statt.

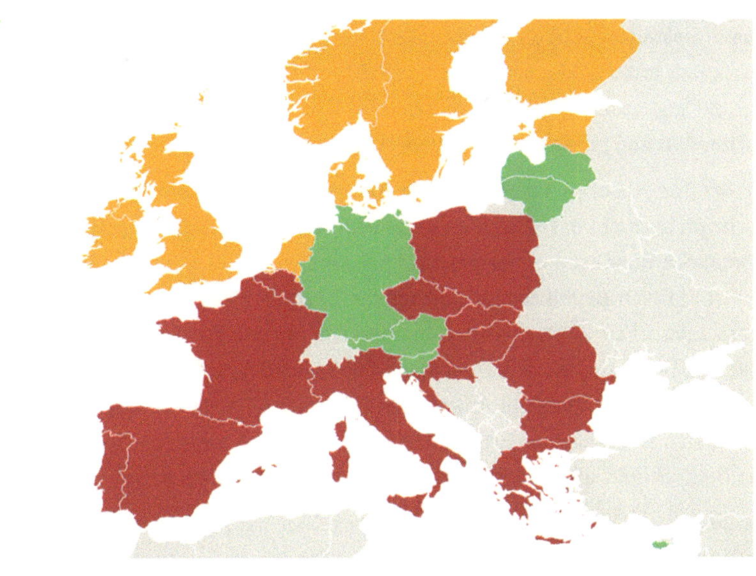

Abbildung 7: Bargeldobergrenzen EU (Europäisches Verbraucherschutzzentrum, 2016).

Innerhalb der europäischen Währungsunion sind klare Zeichen sichtbar, dass die Verwendung von Bargeld zunehmend eingeschränkt wird. Bereits seit geraumer Zeit üben Finanzinstitute, aber auch Behörden Druck auf Unternehmen und Verbraucher aus, um die Verwendung von Bargeld einzuschränken. Die folgenden Beispiele illustrieren einige Hindernisse für Bargeldnutzung, die beobachtet werden können:

- Finanzinstitute erheben Gebühren für die Abhebung oder Hinterlegung von Bargeld.

- Unternehmen weigern sich, Bargeld zu akzeptieren, insbesondere hohe Banknoten.

- Bargeldobergrenzen pro Geschäftsvorfall werden in einigen Mitgliedsstaaten eingeführt.

- Am 5. Mai 2016 beschließt der EZB-Rat die Abschaffung der größten Euro-Banknote, die des 500-Euro-Scheines (vgl. Siekmann, 2016, S. 1ff.).

Laut Siekmann (2016, S. 4f.) lassen sich die Kategorien der Hindernisse in drei Gruppen unterteilen: sachliche und indirekte Hindernisse, Einschränkungen aufgrund gesetzlicher Bestimmungen, die Kanäle für die Verwendung von Bargeld schließen und gerechtes Verbot durch Gesetz.

Trotz der global rückläufigen Bargeldentwicklung und des technologischen Fortschritts herrscht in Deutschland eine anhaltend hohe Nachfrage nach Bargeld. Die Deutsche Bundesbank untersucht in regelmäßigen Abständen mit Hilfe einer repräsentativen Bevölkerungsumfrage die Einstellung zu und Verwendung von unterschiedlichen Zahlungsinstrumenten. Die jüngste Zahlungsverhaltensstudie im Jahr 2014 zeigt, dass in Deutschland 80% aller Transaktionen in bar abgewickelt werden. Der wertmäßige Anteil belief sich auf 53% der getätigten Umsätze[8]. Im Vergleich zu vorherigen Erhebungen verringert sich zwar die Nutzung von Bargeld in Deutschland, allerdings nur langsam (vgl. Thiele, 2015, S. 5).

Anders ist es in skandinavischen Ländern. Hier hat Papiergeld seit einigen Jahren mit Widrigkeiten zu kämpfen. Rund 30% der Dänen besitzen die Bezahl-Application MobilePay, mit der die Möglichkeit besteht, mit Hilfe des eigenen Smartphones selbst kleine Beträge in Läden oder untereinander zu begleichen. In Dänemark sollen Teile des Einzelhandels, wie zum Beispiel kleinere Läden, Tankstellen und Restaurants von der Pflicht ausgenommen werden, Bargeld annehmen zu müssen. Von der dänischen Notenbank wird 2017 angekündigt, dass mangels Nachfrage keine neuen Geldscheine mehr gedruckt werden (vgl. Quitzau, 2016, S. 5; Prinz & Beck, 2015, S. 515). In den kommenden Jahren wird die Anzahl alternativer Zahlungsmittel erneut wachsen. Die meisten dieser Methoden sind *Wrapper-Services,* aufgebaut auf bestehenden Infrastrukturen. Mobile Brieftaschen werden sich auf dem Markt etablieren. So werden kontaktlose Zahlungen, beispielsweise mit dem Smartphone weiter ausgeweitet (vgl. Noack & Philliper, 2016, S. 9).

---

[8] In der Studie unberücksichtigt bleiben regelmäßige Zahlungen wie zum Beispiel Strom, Wasser, Gas, Miete oder auch Versicherungsbeiträge, die üblicherweise unbar abgewickelt werden. Befragung von 2000 Personen.

Bargeld besitzt viele Eigenschaften, welche es kompliziert machen, ein perfektes elektronisches Substitut zu entwickeln. Es ist anonym nutzbar und sowohl Zahlender als auch Zahlungsempfänger müssen in keiner Form online sein. Die Zahlung wird als einfach, bequem und schnell beschrieben und ist definitiv und final, sie ist also nicht rückgängig zu machen. Ein elektronisches Zahlungsmittel, das all diese Eigenschaften hat, existiert aktuell noch nicht (vgl. Krüger & Seitz, 2015, S. 11).

3 Argumente

Im Hauptteil der Arbeit wird ein Überblick über die genannten Argumente der aktuellen Diskussion zur Bargeldabschaffung gegeben. Hierzu werden diejenigen Punkte ausgewählt, welche von Wirtschaftswissenschaftlern häufig zur Sprache gebracht werden. Unter anderem fordern Rogoff (2016), Mankiw (2009), Buiter (2009), Goodfriend (2015) und Bofinger (2015) eine Abschaffung des Papiergeldes durch die Regierungen der westlichen Industrienationen. Aus Sicht von Behörden und Zentralbanken hat eine derartige Entwicklung eine Reihe von Vorteilen. Die Abschaffung soll den von Zentralbanken implizierten geldpolitischen Maßnahmen erneute Durchschlagskraft verleihen, um auf Schocks wieder in geeigneter Weise reagieren zu können und die Bekämpfung schattenwirtschaftlicher Aktivitäten zu erleichtern. Darüber hinaus existieren Anliegen, Transaktionskosten im Zahlungsverkehr weiterhin zu senken und Keimbelastungen zu verringern.

Die Gegenposition unterstützen u.a. Hennies (2016), Sorge (2015), Thiele (2015), Halver (2015), Krüger und Seitz (2015). Sie beziehen sich insbesondere auf folgende Argumente: Durch die Eliminierung der Nullzinsgrenze und den Kontrollgewinn der Zentralbanken wird ein erheblicher Anteil an Privatautonomie der Bevölkerung eingeschränkt und die Eigenschaften einer freien Marktwirtschaft beeinflusst. Zudem wird dem Zahlenden durch die Nutzung von Banknoten Anonymität gewährt. Die Bevölkerung kann sich zumindest zum Teil vor ungewollter Datenerhebung schützen, während bei Zahlungen auf elektronischer Basis Risiken hinsichtlich der Datensicherheit nicht ausgeschlossen werden können. Bargeld hat durch die hohe Nachfrage der Verbraucher einen volkswirtschaftlichen Stellenwert. Ökonomen mahnen an, dass Papiergeld jederzeit verfügbar ist, während es bei elektronischen Zahlungssystemen zu Ausfällen aus technischen Gründen kommen kann und sie zusätzlich cyberkriminellen Angriffen ausgesetzt sind. Die Kontrolle über die eigene Finanzsituation bleibt dadurch beim Verbraucher.

3.1 Kontrollgewinn der Zentralbanken

In diesem Gliederungspunkt wird an die Darstellung der Handlungsweisen der Geldpolitik aus Kapitel 2.1 angeknüpft. Zu Beginn wird das aktuelle, globale geldpolitische Problem der Nullzinsgrenze der westlichen Industrienationen skizziert und erläutert, weshalb eine Aufhebung dieser Grenze eine Abschaffung des Bargeldes erfordert und für Zentralbanken und Regierungen eine Reihe von Vorteilen bieten kann.

Im Anschluss werden die Gegenpositionen und die gesellschaftlichen bzw. marktwirtschaftlichen Folgen, welche die Eliminierung der Grenze mit sich bringen kann, dargestellt.

> „Lange Zeit wurde das Szenario, die Geldpolitik könne mit ihrem Zinsinstrument an die Nullzinsgrenze geraten, von vielen Experten als Kuriosum betrachtet. Im Zuge der Finanzkrise ist dies jedoch für viele Notenbanken vor dem Hintergrund einer schwachen realwirtschaftlichen Entwicklung und sehr niedriger, teils negativer Inflationsraten Realität geworden (Thiele, 2015, S. 3)."

Seit Beginn des 21. Jahrhunderts hat sich die negative Nominalzinspolitik von der anfangs nur theoretischen Möglichkeit in der praktischen Realität etabliert. Im September 2015 sinken die kurzfristigen Leitzinsen im Europäischen Wirtschaftsraum auf -0,4%, auf -0,75% in der Schweiz und in Japan auf -0,1% (vgl. Goodfriend, 2015, S. 1).

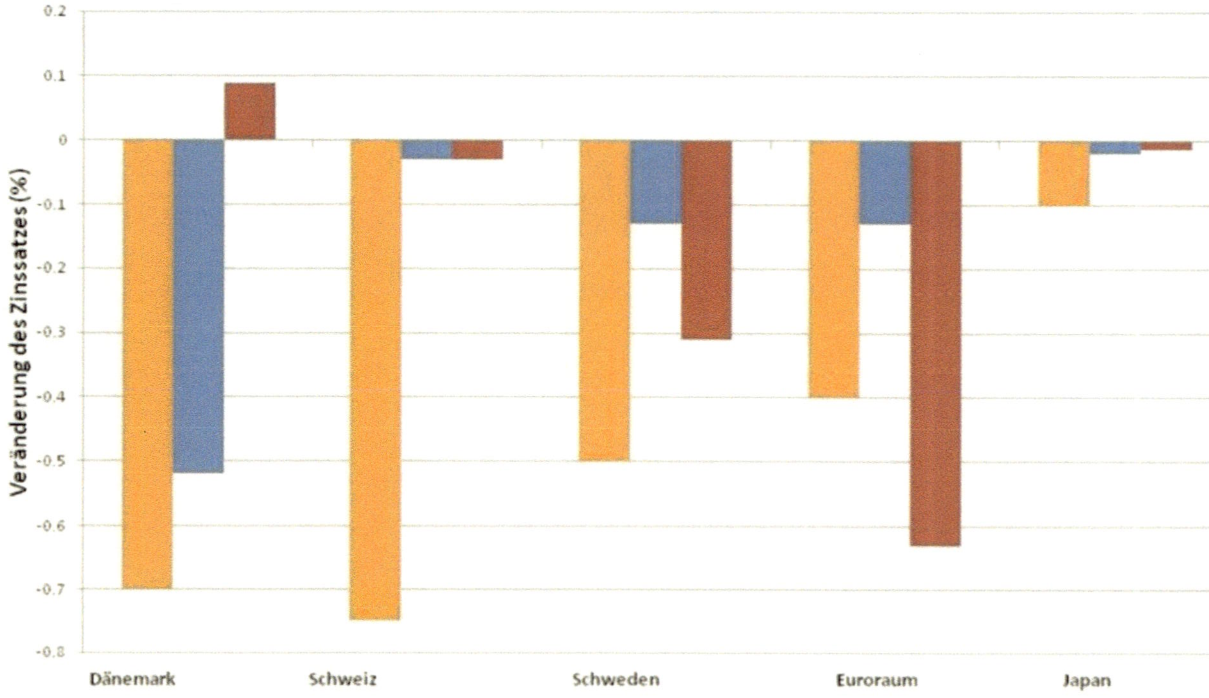

Abbildung 8: Zinsveränderungen der Zentralbanken seit Einführung negativer Zinssätze (Vinãls et. al., 2016, S.4).

Abbildung 8 zeigt die Zinsveränderungen seit der Einführung negativer Zinssätze auf, d.h. von Juni 2014 bis Januar 2016. Dargestellt ist der Euroraum, die Schweiz und Japan. Orange markiert ist der Einlagensatz der jeweiligen Zentralbank, blau der Einlagensatz der Geschäftsbanken und rot der Kreditvergabesatz von Geschäftsbanken (vgl. Vinãls et. al., 2016, S. 4).

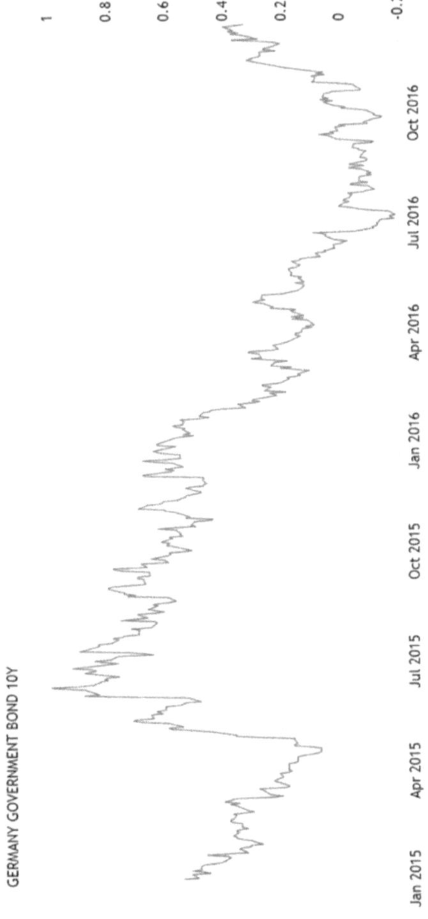

Abbildung 9: 10-jährige Staatsanleihe Deutschland[9].

---

[9]   Betrachtet wurde in der Abbildung die Zeitperiode von Januar 2015 bis Oktober 2016, die Datenerhebung stammt von der Plattform TrandingEconomics.

Am 16. Juni 2016 fallen die Renditen der 10-jährigen Staatsanleihen Deutschlands unter Null (siehe Abbildung 9), wie auch in Dänemark, Japan, Niederlande und der Schweiz. Die *World average Real Interest Rate* in Abbildung 10 beginnt ab dem Jahr 2012 in einen negativen Bereich zu fallen. Darüber hinaus ist ein eindeutiger Abwärtstrend während der letzten 15 Jahre zu beobachten (vgl. Summers, 2014, S. 35).

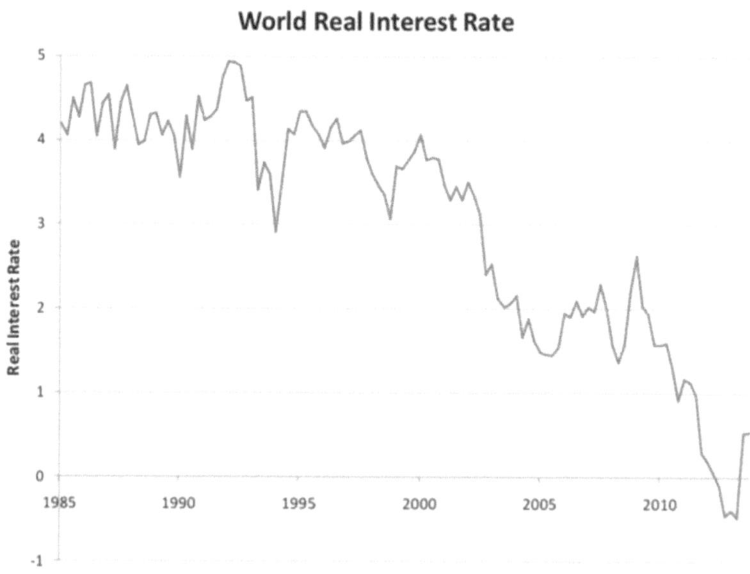

Abbildung 10: World average Real Interest Rate (vgl. Summers, 2014, S. 35)[10].

Ein Artikel des *Wall Street Journals* im Dezember 2015 zeigt auf, dass keine Zentralbank der etablierten Wirtschaftswelt, die seit der Wirtschaftskrise von 2007-2009 ihre Zinssätze angehoben hat, diese auf einem Niveau über Null halten kann. Zinsraten nahe der Nullzinsgrenze beobachten zu können, beginnt z.B. in Japan bereits im Jahr 1995, in den USA 2008 und innerhalb der Eurozone 2009 (vgl. Goodfriend, 2015, S. 1). Diese langwierige Ausnahmesituation zeugt für Goodfriend (2015, S. 1f.) von einer Dringlichkeit der Abschaffung der Nullzinsgrenze.

---

[10] Die Abbildung zeigt Trends indexierter Anleiheraten für eine große Anzahl an Ländern (vgl. Summers, 2014, S. 34).

Da die genauen Auswirkungen der Grenze auf das globale Wirtschaftswachstum nicht bekannt sind, versucht Rogoff (2016, S. 160f.) einzuschätzen, wie gravierend diese in quantitativer Hinsicht auf Volkswirtschaften sind. Die wichtigste Erkenntnis besteht darin, dass die traditionelle Finanzpolitik gegenwärtig bei der Bekämpfung einer Rezession mit aktuellem Zinsniveau nicht in der Lage ist, effektive Maßnahmen zu ergreifen. Laut einigen Studien hätte die Zentralbank der Vereinigten Staaten auf dem Höhepunkt der Finanzkrise 2009 allein richtig reagieren können, hätte sie Zinssätze von -4% oder -5% festgelegt.

Blanchard et al. (2010, S. 3) weisen darauf hin, dass gerade die Existenz von Bargeld es für Zentralbanken schwierig macht, Zinsraten deutlich unter Null zu implementieren. Die niedrigen und stabilen Inflationsraten haben im Laufe der Zeit das Zinslevel enorm gesenkt. Das niedrige Gesamtniveau, kombiniert mit der Nullzinsgrenze der nominalen Zinsen impliziert, dass Zentralbanken nicht in der Lage sind, die Zinsen in den Bereich zu bringen, welcher nötig wäre, um auf deflationäre Schocks zu reagieren. Solange die Möglichkeit, auf Bargeld auszuweichen, existiert, ist es schwer, Zinssätze unter einem -0,25 bis -0,5 Prozentniveau zu generieren, zumindest auf nachhaltiger Basis (vgl. Rogoff, 2014, S. 2).

Bofinger (2011, S. 409f.) benennt die aktuelle Handlungsbeschränkung der globalen Zentralbanken mit dem Begriff der *Nominalzinsfalle*. Diese tritt ein, wenn die Handlungsmöglichkeiten der Geldpolitik, beispielsweise während einer Finanzkrise, durch eine Nullzinsgrenze beschränkt sind. Dem Nominalzins ist es nicht möglich, negative Werte anzunehmen, da der Sparer die Alternative hat, auf Bargeldhortung auszuweichen.

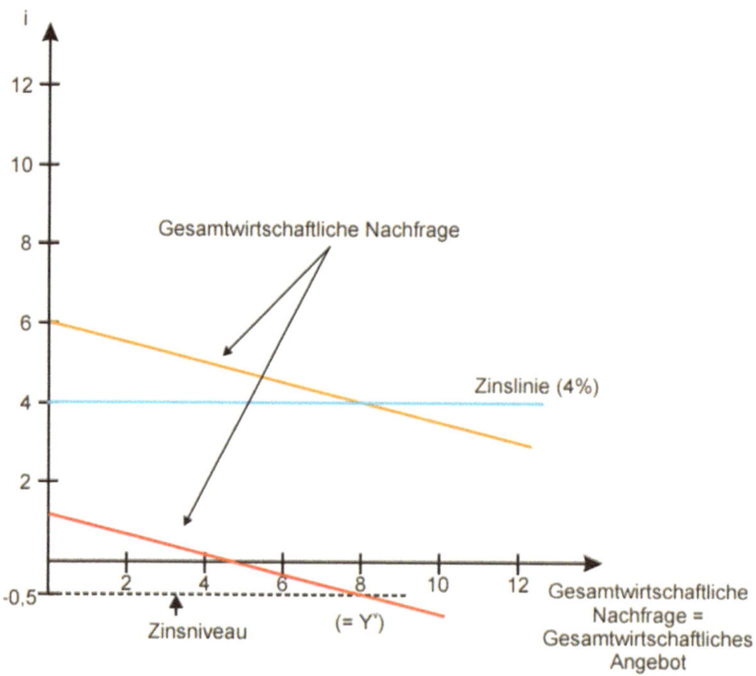

Abbildung 11: Die Nominalzins-Falle (Bofinger, 2011, S. 410).

Anschaulicher dargestellt wird die Nominalzinsfalle in Abbildung 11. In der Skizze wird angenommen, dass sich die IS Kurve[11] (rot) aufgrund eines Nachfrageeinbruchs so weit nach unten verschiebt, dass sie die x-Achse links von Y^v schneidet. Soll in diesem Szenario allein durch die Geldpolitik Vollbeschäftigung innerhalb einer Volkswirtschaft erreicht werden, wäre dies nur mit einem Zinsniveau von -0,5% möglich. In der Praxis ist diese Form von Politik nur begrenzt umsetzbar, da die Anleger sich dem Negativzins jederzeit durch Bargeldhaltung entziehen können. Hier muss die *Fiskalpolitik*[12] in der aktuellen Sachlage eingreifen und beispielsweise mit einer Senkung der Steuern versuchen, die Arbeitslosigkeit zu beseitigen. Anhand des folgenden Beispiels wird das Problem der Nullzinsgrenze deutlicher: In Japan kann seit vielen Jahren die Nominalzinsfalle als außergewöhnlicher

---

[11] Die Investitionskurve (Gesamtwirtschaftliche Nachfrage) wird häufig als IS Kurve bezeichnet.

[12] Unter Fiskalpolitik versteht man finanzpolitische Maßnahmen des Staatssektors im Dienst der Konjunkturpolitik mittels öffentlicher Einnahmen und Ausgaben (vgl. Fredebeul-Krein et. al., 2014, S. 188).

geldpolitischer Zustand beobachtet werden (siehe Abbildung 12). Seit Mitte der 1990er Jahre befindet sich die japanische Wirtschaftspolitik nahe der Nullzinsgrenze. Versuche der Zentralbank, die Situation durch eine anhaltende Nullzinspolitik und teils sehr umfangreichen Käufen von Staatsanleihen einzustellen, bleibt bis auf weiteres erfolglos. Parallel dazu verfolgt Japan eine expansive Geldpolitik, welche dazu geführt hat, dass das Land mit 230 Prozentpunkten die höchste Schuldenstandquote aller OECD Länder aufweist (vgl. ebd., S. 411).

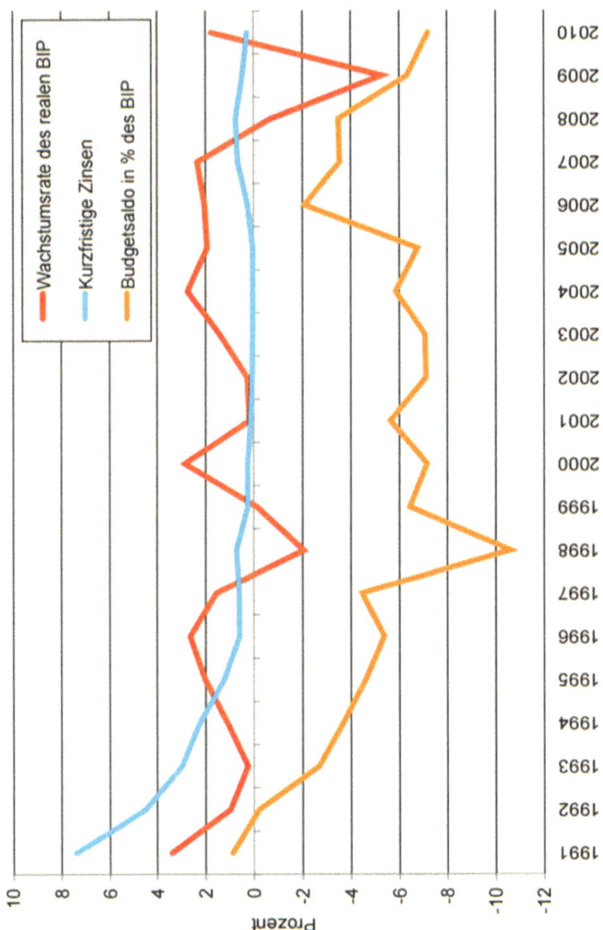

Abbildung 12: Nominalzinsen, Haushaltsdefizit und Wirtschaftswachstum in Japan (Bofinger, 2011, S. 411).

Aufgrund genannter Erkenntnisse existieren große Zweifel an einem Szenario, mit oder ohne politische Intervention, Produktionslücken beseitigen zu können. Die Weltwirtschaftskrise 2009 hat nach Summers (2014, S. 27) global zu einer Krise auf diesem Gebiet der Makroökonomie geführt. Von Summers (2014, S. 28) wird die von Bofinger (2015, S. 410) dargestellte Situation Japans mit der aktuellenSituation der Eurozone und den USA verglichen. Die Erfahrungen, die seit den 1990er Jahren in Japan gemacht wurden, sollten nun zum aktuellen Verständnis der Bekämpfung von konjunkturellen Schwankungen beitragen.

Die folgenden Abbildungen 13 und 14 zeigen die Lücke zwischen dem tatsäch-lichen BIP und dem geschätzten Potential bis 2017 in Europa und den USA.

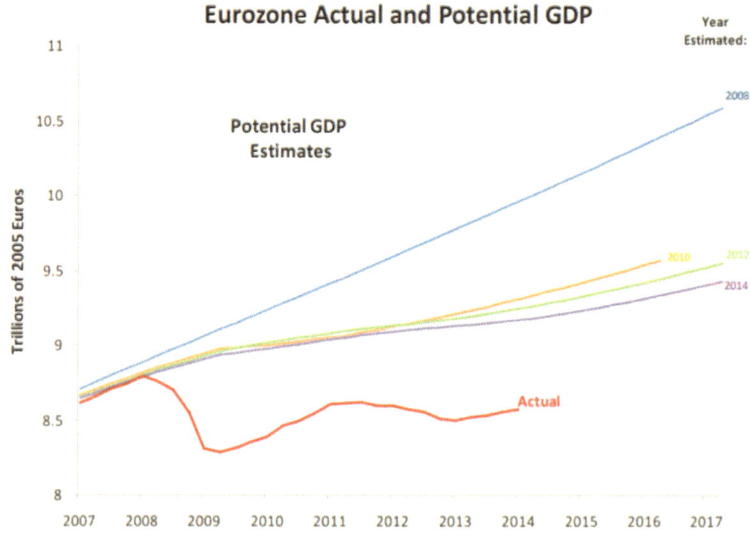

Abbildung 13: BIP Eurozone (Summers, 2014, S. 28).

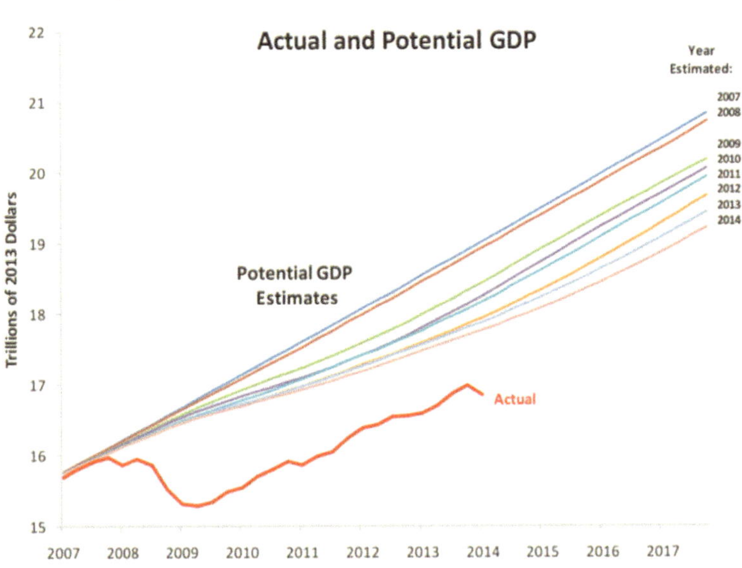

Abbildung 14: BIP USA (Summers, 2014, S. 28).

Auch wenn die Abbildungen ausschließlich Schätzungen seit dem Jahr 2014 aufzeigen, ist es offensichtlich, dass die Produktion sowohl in der Eurozone als auch in den USA weit unter ihrem Potential liegt (vgl. Summers, 2014, S. 27).

Summers (2014, S. 36ff.) spricht von einer *säkularen Stagnation*. Diese Theorie trägt Annahme, dass wirtschaftliches Wachstum, Vollbeschäftigung und Preis-stabilität in Zukunft nicht mehr mit Hilfe der Geldpolitik generiert werden kann und liefert eine Erklärung für das langsame Tempo der Erholung in der industriellen Welt. Ist der Fall gültig, dass für die Zinspolitik eine Aufrechterhaltung der Vollbe-schäftigung realisierbar ist, kann die These beunruhigen. Die Möglichkeit, die schädlichen Auswirkungen der *säkularen Stagnation* zu beseitigen besteht darin, einen Weg zu finden, um Realzinsen weiter zu senken. Dies impliziert die Steige-rung der Zielinflationsrate, dass ein Nominalzinssatz von Null einer niedrigeren Realzinsrate entspricht (vgl. Summers, 2014, S. 36ff.).

Für Rogoff (2016, S. 158-161) existieren drei Gründe, warum die Nullzinsgrenze zu einem globalen Problem der Zentralbanken geworden ist. Das Szenario beginnt mit dem Einbruch der Inflation, inklusive der Inflationserwartungen. Ab dem Jahr 1989 haben sich die Zentralbanken der wirtschaftlich entwickelten Länder auf eine Inflationszielrate von ungefähr 2% eingependelt, woraus ein deutlich niedrigerer

Zinssatz folgt. Im Normalfall geht die Wirtschaftstheorie davon aus, dass bei einer Senkung der Inflationserwartung um ein Prozent nach einer Anpassungsphase alle Zinssätze des gesamten Spektrums, wie der Nominalzins und der Realzins, ebenfalls um ein Prozent fallen. Als weiteren Grund nennt er die Schwankungsbreite des Wirtschaftswachstums und deren Unterschätzung in der Vergangenheit von vielen Ökonomen. Je höher die Schwankungsbreite der Konjunktur, desto wahrschein-licher ist es, dass Wirtschaftssysteme mit einem gravierenden Abschwung konfrontiert werden. Es erfordert Zinseinschnitte der Zentralbank. Die dritte genannte Ursache der Problematik an der Existenz der Nullzinsgrenze ist der Negativtrend des Realzinses der letzten Jahre. Über lange Zeiträume liegt dieser bei 1,5%, kurzfristig sinkt er unter Null. Für den Abwärtstrend des realen Zinssatzes sind insbesondere hohe Sparrücklagen in schnell wachsenden Schwellenländern in Verbindung mit alternder Bevölkerung in entwickelten Wirtschaftsnationen verantwortlich.

Bofinger (2011, S. 185) zählt die extrem expansive Zinspolitik des damaligen Präsidenten der US-Notenbank, Alan Greenspan, zu den Auslösern der Weltwirtschaftskrise 2009. Für Gordon (2014, S. 48) und Summers (2014, S. 33) liegt die Ursache des weltweit verlangsamten Wachstums an einer Verringerung der technologischen Erfindungen. Auch der Rückgang staatlicher Leistungen angesichts einer zunehmenden Staatsverschuldung könnte ein möglicher Grund für eine Stagnation sein. Goodfriend (2015, S. 12) macht eine Bandbreite von identifizierbaren, pessimistischen und globalen Faktoren verantwortlich, die den intertemporalen realen Wechselkurs und den natürlichen Zinssatz unter Druck setzen. Ein weiterer Auslöser für ihn ist der starke Rückgang der Anleiheraten der entwickelten Länder. Daher ist nur geringer Raum für kurzfristige Zinsänderungen, um konjunkturelle Schwankungen auszugleichen.

Aufgrund dieser Ereignisse wird eine Erhöhung der Inflationsraten gefordert, um über negative Realzinsen Investitionsanreize zu generieren. Im Nullzinsumfeld lässt sich der Prozess aber nur initiieren, wenn auch die nominalen Zinssätze unter Null gedrückt werden können. Niedrige Zinsen erleichtern zudem die Schuldenlast von Regierungen. Diese sind somit in der Lage, sich zu refinanzieren und die Fälligkeit verzinslicher Wertpapiere zu verlängern. Auch Unternehmen profitieren von einem niedrigen Zinsniveau, indem sie Investitionen in physisches, organisatorisches oder technologisches Kapital tätigen können (vgl. Michler, 2015, S. 16).

Das Horten von Bargeld hat viele Nachteile für den Sparer. Sinkt das Zinsniveau jedoch unter einen bestimmten Wert, der unter der Nullzinsgrenze liegt, so nimmt er eventuell die Umstände in Kauf. Die Lagerkosten, Sicherhaltung und

Versicherung für Bargeld sind höher als z.B. für Staatsanleihen oder Reserven bei der Zentralbank, deshalb ist die untere Nullgrenze genau genommen eine Grenze, die etwas unter Null liegt (vgl. Buiter, 2009, S. 4).

Diese außergewöhnlichen Entwicklungen und die Aussicht auf niedrige und negative Nominalzinsen in absehbarer Zeit zeugen von der Notwendigkeit einer Veränderung der Geldpolitik. Der unkomplizierteste Weg, die Zinspolitik an der Nulllinie zu entlasten, wäre eine vollständige Abschaffung des Bargeldes. Die Einstellung der Papierwährung ist effektiv und bedarf keiner neuen Technologie oder institutionellen Änderung (vgl. Goodfiend, 2015, S. 23). Für Goodfriend (2015, S. 2ff.) ist es nur eine Frage der Zeit, dass ein weiterer zyklischer Abschwung aggressive geldpolitische Handlungsweisen einfordert. Die Belastung der Geldpolitik durch die Nullzinspolitik sollte eliminiert werden, sodass die realen Wechselkurse in vollem Umfang zinspolitische Maßnahmen beeinflussen und somit die Preisstabilität aufrecht erhalten können. Die Zinspolitik ist anderen alternativen Handlungsmöglichkeiten der Zentralbanken weit überlegen, da diese sehr flexibel und unaufdringlich auf dem Markt auftreten kann und eine Stabilisierung konjunktureller Schwankungen ermöglicht. Darüber hinaus kann sie unabhängig von der Politik verwaltet werden und den Beschäftigungsgrad einer Volkswirtschaft regulieren.

Thiele (2015, S. 3) befürchtet, dass Situationen, in denen niedrige Zinsen in Kombination mit niedrigen Inflationsraten auftreten, in Zukunft häufiger zu beobachten sind.

Vor diesem Hintergrund argumentiert er, dass Bargeld als zinsloses Wertaufbewahrungsmittel die Durchsetzung negativer Zinsen und damit geldpolitische Handlungen einschränkt.

Ein weiterer positiver Aspekt einer Bargeldabschaffung für den Finanzsektor ist die Verhinderung von „Runs" auf die Banken im Krisenfall, wie zuletzt während der Finanzkrise in England oder Griechenland während der Bankenschließungen 2015 (vgl. Noack & Philliper, 2016, S. 14).

> „Wenn es zu einer Vertrauenskrise in das Bankensystem kommt, wie man sie vor allem nach der Lehman-Pleite im Oktober 2008 beobachten konnte, sind die Einleger bestrebt, ihre Guthaben abzuziehen, d.h. sie möglichst schnell in Bargeld zu tauschen. Da die Banken aber ihren Kreditnehmern nicht einfach die Kredite kündigen können, sind sie nicht in der Lage, einem solchen allgemeinen „Run" aus eigener Kraft standzuhalten (Bofinger, 2011, S. 178)."

Da die Meinungen von Ökonomen im Punkt einer vollständigen Abschaffung weit auseinandergehen, wird eine mögliche alternative Lösung vorgestellt. Für Agarwal (2015), Kimball (2015), Goodfriend (2015) und Buiter (2009) existiert neben der Abschaffung des Bargeldes noch eine weitere Möglichkeit, die Nullzinsgrenze zu überwinden: eine Anbringung von Steuerzeichen oder eine Installation von elektronischen Streifen auf Banknoten, um diese besteuern zu können. Bekommen Banknoten den Aufdruck eines Ausgabedatums, wäre es einfach, ein Ablaufdatum festzulegen. Ab diesem Zeitpunkt müsste der Geldschein seinen Status als gesetzliches Zahlungsmittel verlieren. Der Geldhalter würde nur durch Zahlung der Zinsen den Totalverlust verhindern können und die Banknote würde in einer Form markiert, um die Zahlung zu belegen (vgl. Buiter, 2009, S. 6).

Der Kontrollgewinn der Zentralbanken im Anschluss an eine Abschaffung des Bargeldes generiert Vorteile für den Bankensektor, Regierungen und Unternehmen. Für die arbeitende, konsumierende und sparende Bevölkerung birgt dieser jedoch auch Nachteile. Die gesamte marktwirtschaftliche Ordnung würde verändert (vgl. Eilfort & Raffelhüschen, 2016, S. 3). Im weiteren Verlauf des Abschnittes wird die Kehrseite einer Eliminierung der Nullzinsgrenze aufgezeigt, in der hauptsächlich die Verhältnismäßigkeit der drastischen Maßnahme einer Abschaffung des Bargeldes in einer freiheitlichen Marktwirtschaft diskutiert wird.

Negative Zinssätze entfalten ihre maximale Wirksamkeit dann, wenn dem Sparer die Möglichkeit verwehrt bleibt, auf Bargeldhaltung auszuweichen. Auf die Eliminierung des Bargeldes folgt eine Beschränkung der Privatautonomie mit negativen Auswirkungen auf Altersvorsorge und marktwirtschaftlichen Verhältnisse. Bürger sind nicht mehr in der Lage autonom, d.h. unabhängig zu leben (vgl. Quitzau, 2016, S. 5).

Beck und Prinz (2016, S. 518) klassifizieren negative Zinssätze als Ausnahmesituation, die kein dauerhaft geltendes Instrument der Geldpolitik darstellen sollten. Sie stellen sich die Frage: „Warum soll das gesamte Zahlungssystem verändert werden, wenn diese Politik nur in Ausnahmesituationen angebracht ist (ebd.)?". Makroökonomisch wäre eine Welt mit negativem Zinsniveau vorstellbar, mikroökonomisch auf Dauer nicht. Für Rösl und Seitz (2016, S. 528) ist eine Abschaffung des Bargeldes in einer freiheitlichen Marktwirtschaft ein Widerspruch in sich. Man dürfte den Bürgern nicht vorschreiben, mit welchem Zahlungsmittel sie bezahlen sollen.

Für Noack und Philliper (2016, S. 11) muss die Verringerung des Bargeldverkehrs unter der Prämisse geschehen, dass für alle Subjekte des Wirtschaftskreislaufs ein uneingeschränkter Zugang am Wirtschaftsleben auch in einer bargeldlosen Umgebung sichergestellt wird. Auch Bevölkerungsgruppen, die heute noch über kein Konto verfügen, müssen berücksichtigt werden. Im Krisenfall kann es zu einer Liquiditätsverlagerung aus dem Bankensystem kommen, was volkswirtschaftlich zu Problemen führt. In diesem Zusammenhang sollte auch erläutert werden, in welcher Höhe die Obergrenzen bei insolvenzgeschützten Instituten für Einlagen angelegt werden sollen und wie die Preisgestaltung vorzunehmen ist, um Wettbewerbsverzerrungen am Finanzmarkt zu verhindern (vgl. ebd., S. 12).

Die Auswirkungen der Maßnahmen sind laut Krüger, Seitz (2015, S. 9) und Quitzau (2016, S. 19) begrenzt, werden diese nur in einem Währungsraum durchgesetzt. Entscheidet sich die Regierung der Eurozone für eine Abschaffung bei gleichzeitiger Erhaltung der Schweizer Franken und des US-Dollars, so wird sich die Bevölkerung des Euroraums ausländisches Bargeld beschaffen und zur Wertaufbewahrung nutzen. Die Vorstellung einer ausschließlich bargeldlosen Zahlungsmöglichkeit macht also erst Sinn, wenn sich die Länder der wichtigsten Weltwährungen, wie z.B. den US-Dollar, Schweizer Franken, Japanischer Yen und Britischen Pfund, zum selben Schritt entscheiden. Wird Bargeld flächendeckend abgeschafft, so versucht die Bevölkerung in Zukunft auf alternative Aktiva auszuweichen.

Negativzinsen können die Bevölkerung zur Flucht in alternative Assetklassen[13] animieren, wie zum Beispiel Edelmetalle, woraus unangemessene Preisschwankungen impliziert werden. Insgesamt ist nicht damit zu rechnen, dass die diagnostizierte Nachfrageschwäche durch Abschaffung von Banknoten und Münzen dauerhaft überwunden werden kann. Maßnahmen auf der Angebotsseite einer Volkswirtschaft sind nötig, um einen höheren Wachstumstrend zu erlangen. Dazu gehört eine Reihe von politischen Maßgaben, um die Zahl der Berufstätigen zu erhöhen. Das Renteneintrittsalter sollte angehoben und dynamisch an die steigende Lebenserwartung angepasst werden. Die Personalbeschaffung wird durch qualifizierte Einwanderer für mehr wirtschaftliche Dynamik sorgen. Auch eine höhere Frauenerwerbsquote sollte in Erwägung gezogen werden, um wirtschaftliches Wachstum zu generieren (vgl. Quitzau, 2016, S. 19).

---

[13] Eine Assetklasse zeichnet sich laut Definition durch gleichartige Vermögenswerte aus, die zueinander ein homogenes und zu anderen Vermögenswerten ein heterogenes Rendite-Risikoprofil aufweisen (vgl. Vöcking, 2002, S.18).

Die Eliminierung des Bargeldes impliziert einen Anstieg der Nachfrage nach Immobilien. In diesem Sektor besteht die Möglichkeit, dass es zu ausgeprägten Blasen kommt. „Die Anreize für Ausweichreaktionen bzw. Arbitragemöglichkeiten werden dabei umso größer sein, je länger die Negativzinsphase anhält und je stärker sie ausfällt (Krüger & Seitz, 2015, S. 10)".

I.d.R. reduziert ein sinkender, von Zentralbanken initiierter Zins den Anreiz zu sparen und erhöht Konsum und Investition. Das aktuell niedrige Zinsniveau impliziert folglich eine Stärkung der Investitionsnachfrage. Der Sparer reduziert mangels attraktiver Zinsen die Sparquote. Im Hinblick auf die demographische Entwicklung von Industrienationen ergibt sich als Schlussfolgerung, dass das Sparen bzw. Vorsorgesparen von existentieller Bedeutung für Individuen ist. Mit diesem Hintergrund lässt sich erklären, weshalb die Sparquote in Deutschland stabil hoch ist, obwohl das aktuelle Zinsumfeld keine bzw. nur wenige Sparanreize bietet. Abbildung 15 zeigt, dass die Quote der Haushaltsersparnisse in Deutschland in Prozent (orange) seit 1995 stabil ist, obwohl der Realzins der zehnjährigen Bundesanleihen (grau) in diesem Zeitraum stark schwankt und im Zeitablauf von 1995 bis 2015 von rund 5% auf ca. 0% sinkt (vgl. Quitzau, 2016, S. 6).

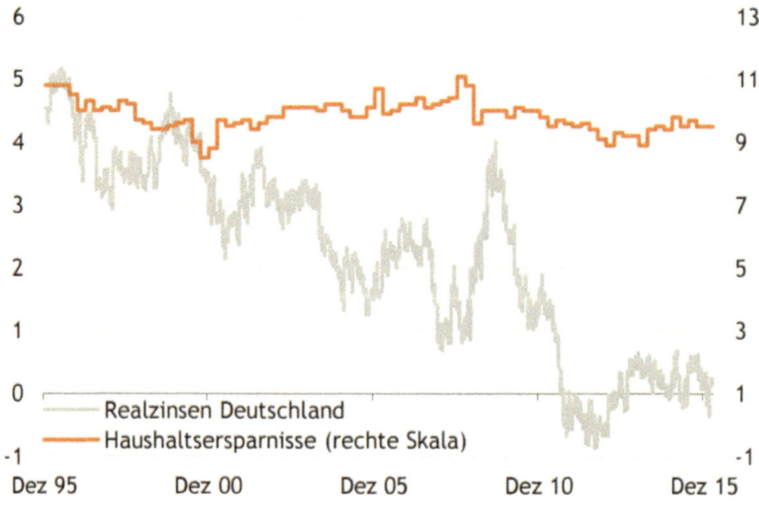

Abbildung 15: Realzinsen 10-jährige Staatsanleihe Deutschland und Haushaltsersparnisse in Prozent (Quitzau, 2016, S. 9).

Aufgrund dieser Erkenntnisse ist der demographische Faktor in Deutschland bzw. global in vielen Industrienationen nicht zu unterschätzen. Das wirtschaftliche

Wachstum kann unter einer alternden und schrumpfenden Bevölkerung leiden. Benötigte Arbeitskräfte sind eventuell nicht in ausreichender Zahl vorhanden und die wirtschaftliche Dynamik ist geschwächt, weil ältere Arbeitskräfte tendenziell weniger innovativ sind. In einer alternden Gesellschaft ist das Bilden von Rücklagen für Menschen von existentieller Bedeutung, um Versorgungslücken zu decken. Mit Blick auf die deutsche Bevölkerungspyramide 2014 in Abbildung 16 wird der Sachverhalt deutlich. In wenigen Jahren wird sich das Problem zuspitzen, da die geburtenstarken Jahrgänge (Arbeitnehmer von 45-60 Jahren) noch überwiegend in ihrer beruflichen Laufbahn stehen (vgl. ebd., S. 6ff.).

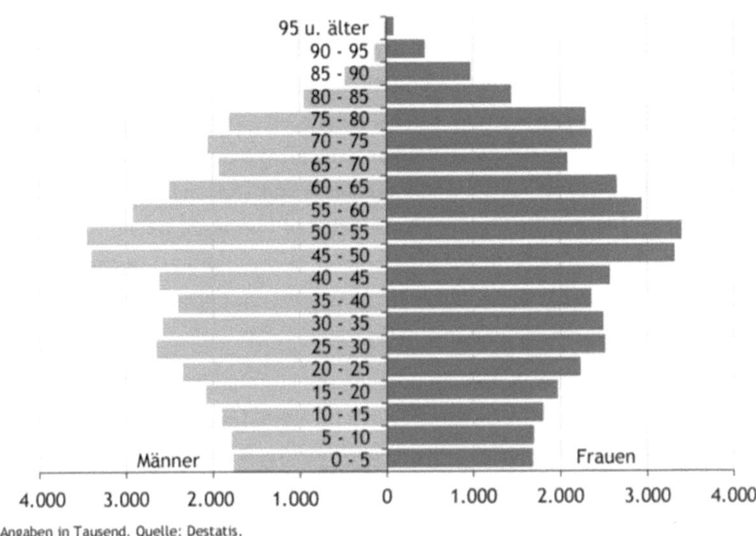

Abbildung 16: Bevölkerungspyramide Deutschland 2014 (Quitzau, 2016, S.8).

Ist die These, dass die deutsche Sparquote auch deshalb so hoch ist, weil sich die Bevölkerung materiell für den Ruhestand absichern muss, gerechtfertigt, dann muss die Abschaffung des Bargeldes mit dem Ziel, den Konsum künstlich anzukurbeln, kritisch bewertet werden. Sparen gilt somit nicht als konjunkturell verantwortungslos, sondern als Resultat eines vorausschauenden und nachhaltigen Kalküls (vgl. ebd., S. 9).

Können Negativzinsen flächendeckend umgesetzt werden, so ist für den Sparer eine „Enteignung auf Knopfdruck (Mann, 2016, S. 27)" möglich. Als nachteilig laut Beck und Prinz (2015, S. 518) könnten sich die verteilungspolitischen Wirkungen einer negativ verzinsten Währung erweisen. Sie gehen vor allem zu Lasten der Be-völkerungsschichten, die kein Sachvermögen bilden.

Mit dem Halten von Bargeld sind keine Insolvenzrisiken verbunden, da die Zentral-bank als Emittent der Banknoten unendlich liquide ist (vgl. Hennies, 2016, S. 6). Inhaber von Spargeld- oder Girokonten bei Geschäftsbanken tragen das Risiko, dass das betreffende Finanzinstitut trotz Einlagensicherung zahlungsunfähig wird. Gemäß Artikel 128 Abs. 1 des EU-Vertrags hat die EZB das ausschließliche Recht, die Ausgabe von Banknoten innerhalb der Währungsunion zu genehmigen. Die von der EZB und den nationalen Zentralbanken ausgegebenen Banknoten sind die ein-zigen, die in der Union als gesetzliches Zahlungsmittel gelten. Auch im deutschen Gesetz ist eine Absicherung verankert. Gemäß §14 BbankG hat die Deutsche Bun-desbank das ausschließliche Recht, Banknoten auszugeben (vgl. Noack & Philliper, 2016, S. 12). Im Gegensatz zum Buchgeld handelt es sich bei Bargeld nicht um eine Forderung gegenüber Geschäftsbanken, welche in bestimmten wirtschaftlichen Si-tuationen mit Risiken verbunden sind. Aufgrund staatlicher Eingriffe kann es zu Einschnitten bei der Verfügung über Buchgeld kommen. Darüber hinaus besteht das Risiko eines Ausfalls für bei Geschäftsbanken gehaltenes Buchgeld jenseits der Einlagensicherungssysteme. Giralgeld kann aus technischen Gründen temporär als Zahlungsmittel nicht verfügbar sein (vgl. ebd., S. 7).

Gerade ältere Personen haben im Umgang mit Mobiltelefonen und Internetbanking oft Schwierigkeiten. Für sie stellt Bargeld im Notfall eine unentbehrliche Form von Liquidität dar. Für Mitglieder der Gesellschaft, die aufgrund von Schicksalsschlägen zur Finanzierung ihres individuellen Existenzminimums auf Bittstellungen ange-wiesen sind, ist Bargeld ein Mittel für den Erhalt ihrer Lebensgrundlage. Trinkgel-der, für besonders kompetente und zuvorkommende Dienstleistungen wären nicht mehr möglich (vgl. Hennies, 2016, S. 5).

Beck und Prinz (2015, S. 519) fürchten ein gravierendes politisches Problem hinter der Bargeldabschaffung. Die Ziele der Eliminierung können den potentiellen, mas-siven Eingriff in die Freiheitsrechte der Individuen innerhalb einer Gesellschaft nicht rechtfertigen.

Wird Bargeld als ein für die Gesellschaft wichtiges Wertaufbewahrungsmittel voll-ständig abgeschafft, muss fairer Weise im Interesse der Bevölkerung für ein gleich-wertiges, insolvenzimmunes Zahlungsmittel gesorgt werden, welches eine Mög-lichkeit zur Deponierung von Kaufkraft bietet (vgl. Hennies, 2016, S. 5).

> „Das könnte erreicht werden, wenn allen Wirtschaftssubjekten das Recht eingeräumt
> würde, bei der Zentralbank oder bei Zahlungsverkehrsinstituten, die nur für die Er-
> bringung von Basis-Bankdienstleistungen lizensiert und mit Staatsgarantien verse-
> hen wären, Giro- und Sparkonten zu unterhalten (ebd.)."

Argawal und Kimbal (2015, S. 19) beleuchten zudem die psychologischen Kosten einer vollständigen Abschaffung für die Bevölkerung. Bargeld hat in vielen Gesellschaften symbolischen und kulturellen Wert. In einem rein elektronischen Geldsystem wird das Papiergeld an Randgebiete gedrückt. Für diejenigen, die den Dollar, Yen oder Euro als soliden Anker angesehen haben, könnte die Abschaffung ein Gefühl von Verrat und Schwindel des Staates auslösen. Ist das Vertrauen in das Geld und in dessen Wertbeständigkeit am Markt gegeben, erleichtert es Handel und erlangt die Bedeutung als Maßeinheit für den Marktwert der Güter, aber auch die Kaufkraft des Individuums. Geld erfüllt seine Funktionen (siehe Kapitel 2.2), wenn Akteure, Unternehmen, Investoren, Verbraucher etc. einander vertrauen oder Vertrauen in die Institution haben, welche den Wert des Geldes garantiert. Es zahlt sich aus, Maßnahmen zu treffen, um das Vertrauen zu fördern und im Falle eines Vertrauensverlustes alles zu unternehmen, um eine grundlegende Basis wiederherzustellen.

> „Eine Abschaffung des Bargelds kann aus Sicht der Deutschen Bundesbank keinen
> Beitrag zur Bewältigung der aktuellen Krise leisten, schon allein aufgrund der für
> eine Abschaffung nötigen langen Vorlaufzeiten (Thiele, 2015, S. 4)."

Eine noch expansivere Geldpolitik behebt nicht die Hauptursachen, die Wachstumsschwäche der derzeit niedrigen Inflation. Auch war das Bargeld bisher kein Hindernis für die Durchführung der Geldpolitik des Eurosystems. Bislang haben weder Geschäftsbanken noch die Bevölkerung innerhalb des Europäischen Währungsraumes nennenswerte zusätzliche Bargeldbestände aufgebaut, obwohl bereits eine negative Einlagenfazilität herrscht. Der Grund hierfür ist, dass Geschäftsbanken die negativen Zinsen noch nicht an private Haushalte weitergegeben haben und dass die Kosten für Lagerung, Transport und Versicherung von Bargeld die Zinszahlungen noch übersteigen (vgl. Thiele, 2015, S. 4).

Der beste Schutz vor staatlichem und privatem Missbrauch von Marktmacht ist Wettbewerb. Dies gilt auch für Währungen und Zahlungsmittel (vgl. Rösl & Seitz, 2016, S. 528). Eilfort und Raffelhüschen (2016, S. 3) gehen mit ihrer Argumentation einen Schritt weiter. Sie sind der Meinung, wenn die Soziale Marktwirtschaft weiterhin erfolgreich bestehen soll, muss im Sinne fiskalischer und ökologischer

Nachhaltigkeit gehandelt werden. Um den Wohlstand zu erhalten, kann die Antwort ausschließlich eine freiheitliche, marktwirtschaftliche und auf Eigenverantwortung setzende Maßgabe sein. Hierzu gehört zwingend Bargeld.

3.2 Eindämmung illegaler Transaktionen

Zu Beginn dieses Kapitels wird eine Definition des Begriffes *Schattenwirtschaft* gegeben. Im Anschluss werden die Positionen für eine Abschaffung des Bargeldes aufgrund krimineller Handlungen in Bezug auf *Steuerhinterziehung, Korruption, internationale Terrorfinanzierung* und *direkte kriminelle Handlungen* skizziert und mit deren Gegenpositionen, die sich insbesondere auf einen Anstieg der *Cyberkriminalität* beziehen, diskutiert.

Der Gedanke einer Abschaffung von Bargeld zur Bekämpfung krimineller Operationen zielt vor allem auf dessen Eigenschaft der Anonymität ab. Durch die Nutzung werden dem Zahlenden aber auch dem Zahlungsempfänger anonyme Transaktionen ermöglicht, da wenig Spuren hinterlassen werden. Organisierte Kriminalität und terroristische Organisationen können nur erfolgreich arbeiten, wenn sie über liquide Mittel verfügen, die nicht mit ihnen in Verbindung gebracht werden (vgl. Schneider, 2015, S. 9).

Papiergeld kann nicht zum Ursprung einer Transaktion verfolgt werden und ist, zumindest in großen Scheinen, relativ leicht zu transportieren. Elektronisches Geld lässt sich wegen mangelnder Anonymität zurückverfolgen und erschwert somit kriminelle Absichten (vgl. Beck & Prinz, 2015, S. 515). Auch Buiter (2009, S. 4) klassifiziert Nutznießer anonymer Zahlungsmittel hauptsächlich mit Einrichtungen krimineller Art. Papierwährung erleichtert dem Handelnden Aktivitäten vor der Regierung zu verbergen. Dies ermöglicht bestimmten Personenkreisen, Gesetze zu umgehen oder Steuern zu hinterziehen. Laut Rogoff (2014, S. 4) existieren signifikante Studien, dass ein großer Prozentsatz der Papierwährung in den meisten Ländern, in der Regel über 50%, verwendet wird, um Transaktionen vor den jeweiligen Behörden auszublenden.

Aufgrund der zahlreichen verschiedenen Definitionen der Schattenwirtschaft muss der Begriff eindeutig definiert werden. In der Arbeit wird der Ansatz von Schneider (2015, S. 4) gewählt, da dieser in der Literatur häufig erscheint: Die Schattenwirtschaft besteht aus allen nicht staatlich erfassten ökonomischen Aktivitäten, die zur Wertschöpfung, d.h. zum Bruttoinlandsprodukt beitragen. Hierzu zählen unter anderem illegale Aktivitäten, wie der Handel mit gestohlenen Gütern, Drogenhandel,

Prostitution, Spiele, Schmuggel, aber auch legale Aktivitäten wie Steuerhinterziehung durch nicht gemeldetes Einkommen und Steuervermeidung, z.B. durch Mitarbeitervergünstigungen oder Zusatzzahlungen. In Tabelle 1 wird ein detaillierter Einblick in die Klassifikation der Schattenwirtschaft gewährt (vgl. Schneider & Brookmann, 2016, S. 6).

Aktivitätsart	Monetäre Transaktionen		Nicht-monetäre Transaktionen	
Illegale Aktivitäten	Handel mit gestohlenen Gütern, Drogenhandel, Produktion von Gütern und Dienstleistungen, Prostitution, Spiele, Schmuggel, Betrug, usw.		Tausch von Drogen, gestohlenen Gütern, Schmuggelware usw. Produktion oder Anbau von Drogen für den eigenen Gebrauch. Diebstahl für eigene Zwecke.	
	Steuerhinterziehung	Steuervermeidung	Steuerhinterziehung	Steuervermeidung
Legale Aktivitäten	Nicht gemeldetes Einkommen aufgrund einer selbständigen Tätigkeit; Löhne, Gehälter und Vermögen von nicht-gemeldeter Arbeit bezüglich legalen Dienstleistungen und Gütern	Mitarbeitervergünstigungen, Zusatzzahlungen	Handel und Austausch von legalen Gütern ohne monetäre Transaktionen	„Do-it-yourself-Arbeiten", Nachbarschaftshilfe, Arbeit in Service-Clubs

Quelle: Die Tabelle basiert auf Lippert und Walker (1997, S. 5).

Legende: ☐ Schwarzarbeit ◼ andere Teile der Schattenwirtschaft ☐ weder Schwarzarbeit noch Schattenwirtschaft

Tabelle 1: Schattenwirtschaftliche Aktivitäten im Überblick (Schneider & Brookmann, 2016, S. 6).

Im Hinblick auf die Erforschung der Schattenwirtschaft wird davon ausgegangen, dass Transaktionen im Untergrund vorzugsweise in bar abgewickelt werden. Wenn der Bargeldumlauf also im Zeitablauf über einen als normal betrachteten Wert steigt, kann man auf die Existenz von schattenwirtschaftlichen Aktivitäten schließen (vgl. Schneider, 2015, S. 4-9). Laut einem Ansatz von Schneider (2015a, S. 4) wird die Schattenwirtschaft in Deutschland auf ca. 13% des BIP geschätzt. Obwohl der Anteil von Bargeld an den gesamten Ausgaben der legalen Wirtschaft kontinuierlich abnimmt, wird es nach wie vor häufig von der Bevölkerung für kleine Transaktionen verwendet. Da Papiergeld universell akzeptiert und bequem im

Transaktionsvorgang ist, spricht nichts gegen eine Beibehaltung kleinerer Scheine und Münzen. Bei der Verwendung von barem Geld ist es enorm schwer zu bestimmen, in wessen Besitz sich die Geldscheine mit hohem Wert befinden (vgl. Rogoff 2016, S. 67f.).

Um die Dimension dieser Problematik zu erörtern, betrachtet Rogoff (2016, S. 68-79) die weltweiten Bargeldbestände, die tatsächlich in den legalen Volkswirtschaften[14] kursieren. Zu Beginn der Analyse werden Unternehmen und Banken betrachtet. Laut einer Studie aus den 1990er Jahren macht das geschätzte Wechselgeld im Einzelhandel weniger als 2% der gesamten Bargeldmenge aus (vgl. Porter & Judson, 1996). Mit dem Hintergrund des Rückgangs von Bargeld als Zahlungsmittel bei mittleren und großen Einzelhandelsgeschäften kann dieser Anteil während der vergangenen 20 Jahre nur geringer geworden sein. Im Februar 2016 beträgt der Bargeldbestand in den USA in Tresoren und Geldautomaten zusammen ca. 75 Mrd. Dollar. Dies entspricht in etwa 5% des gesamten Dollarbestandes in Banknoten.

Darüber hinaus wird die Gruppe der Verbraucher analysiert. Ein großer Teil dessen, was über den Bargeldbesitz von Konsumenten in der legalen Wirtschaft bekannt ist, stammt aus Umfragen von Zentralbanken, wobei nur relativ kleine Stichproben verwendet werden. Diese Analysen bringen im Wesentlichen hervor, dass der Anteil an der gesamten Bargeldmenge der Verbraucher nur 5-10% beträgt. Auch die EZB hat auf diesem Themengebiet eine Reihe von Studien durchgeführt. Die wesentliche Botschaft ähnelt der amerikanischen. Die Nachfrage der Verbraucher nach Bargeld erreicht nicht im Ansatz die Größenordnung der vorhandenen Bargeldmenge. Des Weiteren schrumpft der langfristige Trend der Nachfrage in der legalen Wirtschaft aufgrund des technologischen Fortschritts. Rogoff (2014, S. 7) vermutet aufgrund genannter Fakten einen Großteil der nicht in der rechtlichen, einheimisch oder globalen Wirtschaft gehaltenen Währungsbestände in der Schattenwirtschaft.

Fischer, Köhler und Seitz (2004) gestalten ein ähnliches Gutachten mit einer breiten Palette von Methoden zur Schätzung der Nachfrage nach Papiergeld innerhalb des Euro-Währungsraumes. Die Bargeldnachfrage der einheimischen legalen Wirtschaft wird im Euroraum auf 25-35% geschätzt. Diese Schätzungen stimmen weitestgehend mit den Erhebungen der EZB überein.

---

[14] Analyse von Rogoff (2016, S.68-79): Bezug der Daten auf die USA.

Rogoff (2016, S. 81) und Schneider (2015, S. 6) sind sich einig, dass eine der häufigsten unzulässigen Nutzung von Bargeld innerhalb der Schattenwirtschaft auf Einwohner[15] zurückgeht, die zwar in überwiegendem Maße legalen Tätigkeiten nachgehen, jedoch versuchen, *Steuerzahlungen* zu umgehen. Die Wahrscheinlichkeit, des Steuerbetrugs überführt zu werden, ist durch Nutzung von Bargeld bedeutend gering. Für die USA sind signifikant mehr konkrete Daten in diesem Zusammenhang verfügbar als für andere Länder der Welt. Als Hauptdatenquelle von Rogoffs (2016, S. 82) Schätzung der Steuerausfälle durch schattenwirtschaftliche Aktivitäten dient ein Programm willkürlicher Steuerprüfungen der US-Steuer-behörde *Internal Revenue Service.* 2006 stellt diese in den USA eine Steuerlücke, also der Unterschiedsbetrag zwischen bereitwilligen gezahlten Steuern und zu bezahlenden, von 450 Mrd. Dollar fest. Von dieser Summe könnten laut IRS 65 Mrd. Dollar nachgefordert werden. Die Netto-Steuerlücke liegt somit bei 385 Mrd. Dollar, d.h. ca. 14% der 2006 fälligen Steuerbeträge wurden nicht bezahlt.

Der zentrale Teilbereich der Steuerhinterziehung betrifft falsche Angaben zu gewerblichen Einkünften durch Personen, die einen wesentlichen Teil ihrer Transaktionen in bar abwickeln. Ein Großteil der restlichen hinterzogenen Steuern stammt aus einem Bereich, in denen keine Drittinformationen verfügbar sind, d.h. Kreditkarten und Schecks können ausgeschlossen werden. Rogoff schätzt, dass 50% der Steuerlücke auf bargeldintensive Bereiche zurückzuführen sind. Ein weiterer Teil dieser Lücke, welcher auf 10 bis 20% geschätzt wird, geht auf Steueroasen zurück.

Die nicht generierten Einnahmen der Vereinigten Staaten sind so gewaltig, dass der Gewinn bereits erheblich wäre, wenn sich die Summe durch die Abschaffung von Bargeld nur um 10% verringern würde.[16] Um das Ausmaß der Steuerhinterziehung in Europa schätzen zu können, existieren ausschließlich indirekte Methoden und unvollständige Datensätze, da in den meisten europäischen Ländern keine Gesamtergebnisse für zufällige Steuerprüfungen veröffentlicht werden (vgl. ebd., S. 81-84).

Ein weiterer Sektor in diesem Kapitel, in dem der Gesellschaft durch die Nutzung von Bargeld erhebliche soziale Kosten entstehen, ist die weltweit bestehende *Korruption.* Schätzungen in Bezug auf Bestechungsgelder für die Jahre 2001 und 2002 der Weltbank, einer multinationalen Entwicklungsbank, belegen eine globale

---

[15] Unter Einwohnern werden Bürger, Personen mit Aufenthaltserlaubnis und Arbeitgeber illegaler Einwanderer verstanden.

[16] Die genannten Fakten berücksichtigen nicht die Effizienzkosten der Steuerhinterziehung und illegaler Aktivitäten, auf die im Prinzip ebenfalls Steuern fällig wären.

Bestechungssumme von einer Billion Dollar (vgl. Rogoff, 2016, S. 99). Eine Veröffentlichung von Mauro (1995, S. 700ff.) enthält Beweise dafür, dass Korruption einen erheblich negativen Einfluss auf das wirtschaftliche Wachstum hat.

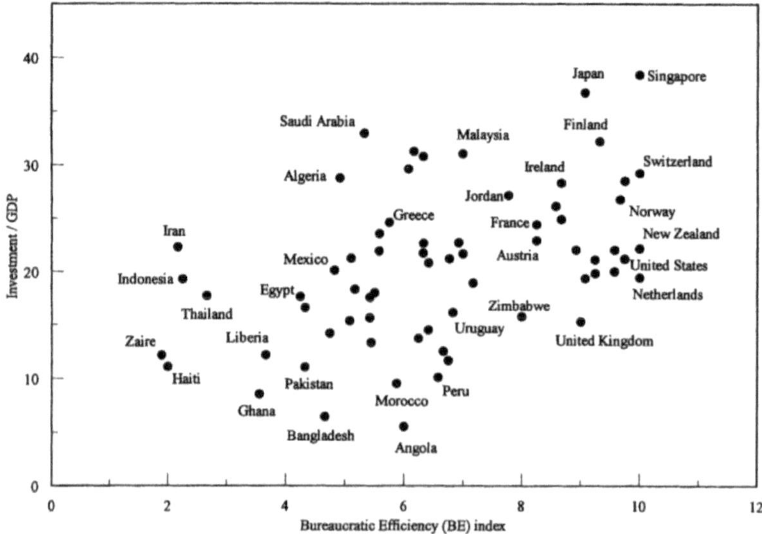

Abbildung 17: Investment und Bürokratieeffizienz (Mauro, 1995, S. 689).

Aus dieser Analyse geht hervor, dass eine negative Assoziation zwischen Korruption und Investitionen besteht, was eine Eindämmung des wirtschaftlichen Wachstums impliziert. Abbildung 17 zeigt den Zusammenhang zwischen Investment pro Bruttoinlandsprodukt einzelner Länder und ihrem bürokratischen Effizienzindex. Die Möglichkeit, anonyme, zeitnahe und nicht nachvollziehbare Transaktionen in bar abzuwickeln, unterstützt den Sektor der Korruption. Durch eine Abschaffung des Bargeldes würden korrupte Transaktionen teilweise eingegrenzt (vgl. Rogoff, 2016, S. 99f.).

Auch die *internationale Terrorfinanzierung* stellt ein Problem dar, welches durch die Abschaffung von Bargeld nachvollziehbarer gemacht werden kann bzw. soll. Spätestens seit den Anschlägen in New York am 11. September 2001 hinterfragen Behörden, mit welchen Geldern islamistische Attentäter Terroranschläge finanzieren. Seit 2001 werden von nationalen und internationalen Regierungen erhebliche Anstrengungen unternommen, um die Bereitstellung und den Transfer von Geldmitteln, vor allem zur Finanzierung von bekannten islamistischen Terrorgruppen zu unterbinden. Die Regelungen der Regierungen bleiben bislang erfolglos. Legal, über Banken abgewickelte Transaktionen, können zwar kontrolliert werden, jedoch scheitert die Politik am Bargeldverkehr. Seit 2001 gehen die Ergebnisse der Fahndungserfolge beim „Einfrieren" von Terrorgeldern bei internationalen Banken deutlich zurück. Alle Terrorgruppen verfügen unter aktuellen Bedingungen über einen Flexibilitätsgrad, der es nahezu unmöglich macht, Finanztransaktionen durch herkömmliche Bankkontrollinstrumente zu erfassen (vgl. Mattes, 2011, S. 1ff.).

> „Die Finanzierung vor allem der islamistischen Terrorgruppen erfolgt – ähnlich wie bei der Mafia – über vielfältige Quellen und reicht von erpresstem Lösegeld über gespendetes Bargeld bis hin zu Gewinnen aus legal betriebenen Geschäften (Matthes, 2011, S. 1)".

Darüber werden *direkte kriminelle Handlungen*, wie der Menschenhandel, Menschenschmuggel, illegale Einwanderung, Drogenschmuggel, Raubüberfälle und die Verbreitung von Falschgeld durch eine Bargeldabschaffung eingedämmt (vgl. Rogoff, 2016, S. 80-108). Betreffende Personengruppen werden unstrittiger Weise im Anschluss einer Abschaffung Alternativen zum Bargeld finden. Andere anonyme Zahlungsmittel, wie z.B. Gold, Rohdiamanten oder Bitcoins haben jedoch erhebliche Nachteile, die von nicht ausreichender Liquidität, zu hohen Transaktionskosten bis hin zum Risiko einer potentiellen Nachverfolgung reichen (vgl. Rogoff, 2016, S. 99f.).

Rösl und Seitz (2015, S. 526) stimmen den Argumenten zu, die Eindämmung illegaler Transaktionen könnte durch die Abschaffung von Bargeld generiert werden. Ohne Bargeld werden Steuerumgehungen und die Finanzierung illegaler Operationen erschwert. Schattenwirtschaftliche Aktivitäten entstehen jedoch nicht durch die Existenz von Bargeld. Die Ursachen, nicht die Abschaffung des Zahlungsmittels der Schattenwirtschaft, sollten bei der Bekämpfung im Vordergrund stehen. Papiergeld stellt nicht die primäre Ursache für den Umfang der Schattenwirtschaft dar. Anhand dieser Tatsache lassen sich nicht die gravierenden Unterschiede im Ausmaß der Schattenwirtschaft im Verhältnis zum BIP zwischen Österreich (7,8 %) oder der Schweiz (6,2 %) und beispielsweise Griechenland (22,0 %) in Abbildung 18 erklären (vgl. Schneider & Boockmann, 2016, S. 23). Zudem sind Länder wie Deutschland, mit hoher Bargeldpräferenz nicht durch drastische schattenwirtschaftliche Aktivitäten geprägt (vgl. Michler, 2015, S. 15). In Abbildung 18 ist das Verhältnis der Schattenwirtschaft zum offiziellen BIP weiterer OECD[17] Länder dargestellt.

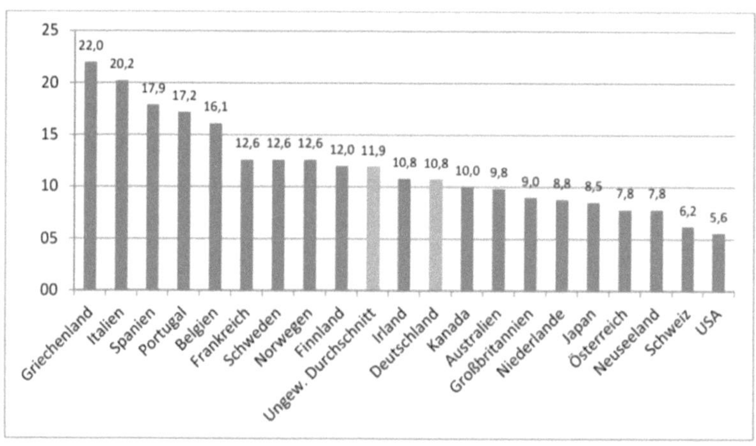

Abbildung 18: Verhältnis der Schattenwirtschaft zum offiziellen BIP 2016 (Schneider & Boockmann, 2016, S. 23).

Für Noack und Philliper (2016, S. 12f.) stellt sich in der Diskussion nicht klar heraus, ob die angenommene Erleichterung der Arbeit der Strafverfolgungsbehörden durch Beschränkungen von Bargeldzahlungen oder gar die vollständige

---

[17] OECD: Organisation für wirtschaftliche Zusammenarbeit und Entwicklung.

Abschaffung überschätzt wird. Bereits aktuell können illegale Transaktionen bargeldlos abgewickelt werden. Deren Umfang dürfte nach einer Abschaffung vermutlich zunehmen. Die gegenwärtig bestehenden Beschränkungen, wie z.B. Bargeldobergrenzen innerhalb der EU, aber auch die Forderungen nach Abschaffung wertmäßig großer Scheine stützen sich im Wesentlichen auf den Beweisgrund, die schwere Kriminalität, Terrorismus, Drogenhandel, Geldwäsche, Steuerhinterziehung und Schwarzarbeit zu erschweren. Die Europäische Zentralbank begründet die Einstellung der Produktion und Ausgabe der 500-Euro-Banknote allein damit, dass der EZB-Rat Bedenken hat, dass diese Banknote illegalen Aktivitäten Vorschub leisten könnte. Seitens des deutschen Finanzministeriums wird die Notwendigkeit einer Bargeldobergrenze bzw. vollständigen Abschaffung des Bargeldes mit einer von BMF in Auftrag gegebenen Studie über den Umfang der Geldwäsche im Nicht-Finanzsektor in Deutschland begründet. Ein Geldwäschevolumen von insgesamt 100 Mrd. Euro wird vermutet. Das Niveau der Schattenwirtschaft in Deutschland in Relation zum Bruttoinlandsprodukt liegt in Höhe des ungewichteten Durchschnitts aller OECD-Länder. Selbst Schweden und Dänemark, Länder die in der Verwendung von Beschränkungen für Bargeldzahlungen eine Vorreiterrolle ausüben, liegen in einem Bereich vor Deutschland.

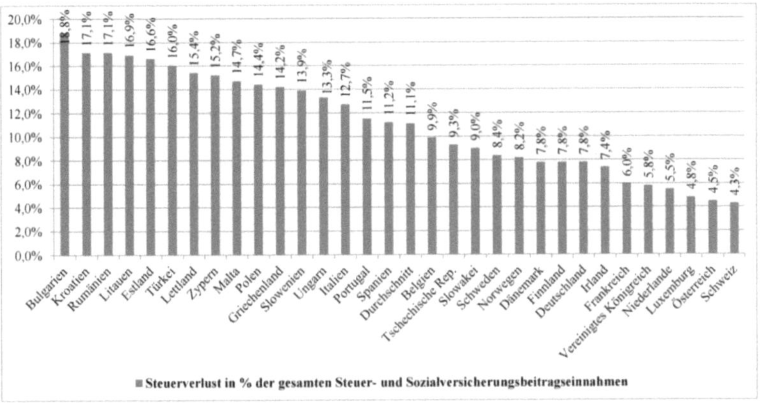

Abbildung 19: Steuerverlust OECD 2013 (Schneider, 2015a, S. 9).

Neben dem in Abbildung 18 dargestellten Verhältnis der Schattenwirtschaft werden auch Steuerverluste, welche damit einhergehen, betrachtet. Abbildung 19 zeigt den Steuerverlust in Prozent der gesamten Steuer- und Sozialversicherungseinnahmen in 31 europäischen Ländern. Deutschland liegt hierbei trotz der intensiven

Bargeldnutzung bei 7,8%, während der Durchschnitt bei 11,1% liegt (vgl. Schneider, 2015a, S. 9).

Anhand der genannten Argumente lässt sich nicht eindeutig zuordnen, ob das Abschaffen der Papierwährung tatsächlich behördliche Strafverfolgung erleichtert. Umgekehrt ergeben sich im Szenario einer Abschaffung auch Gefahren: Ein Anstieg der *Cyberkriminalität* wird erwartet (vgl. Noack & Philliper, 2016, S. 13). Die Kriminalität in der virtuellen Welt sollte aufgrund der aktuellen Entwicklungen und großer bereits verursachter Schäden nicht außer Acht gelassen werden. Der Begriff bezeichnet Verbrechen, die sich im Cyberspace ereignen. Dies schließt sowohl singuläre, informationstechnische datenverarbeitende Systeme ein als auch die Vernetzung einer Vielzahl von Systemen, etwa im Internet (vgl. Böckenförde, 2003, S. 4 ff.).

Illegale Finanztransaktionen können bereits durch Systeme, wie z.B. Bitcoin, bargeldlos abgewickelt werden. Tritt die Abschaffung des Bargeldes ein, so wird dieser Umfang deutlich zunehmen. Während das Risiko, Opfer von Falschgeld oder eines Bargelddiebstahls zu werden abschwächt, steigt die Gefahr von Cyberattacken für Privatpersonen und Unternehmen. Der volkswirtschaftliche Schaden könnte durch Cyberkriminalität eventuell höher liegen als angenommen (vgl. Noack & Philliper, 2016, S. 13).

Auch Hennies (2016, S. 6) bekräftigt das oben genannte Argument. Durch Abschaffung von Bargeld und Abdrängen auf den bargeldlosen Zahlungsverkehr steigt die Gefahr der Cyberkriminalität, weil sich ein noch größerer Teil des täglichen Geschehens über das Internet abspielt. Ausweislich der polizeilichen Kriminalstatistik besteht Internetkriminalität in wesentlichen Teilen aus Vermögenskriminalität. Die verschiedenen Erscheinungsformen des Betruges machen 2009 allein 82% der erfassten Straftaten mit dem Tatmittel Internet aus (vgl. Bundeskriminalamt, 2010, S. 243).

Seidl und Fuchs (2010, S. 85) beschäftigen sich näher mit diesem Thema in Zusammenhang mit elektronischen Bezahlverfahren. Eines der aktuellen Kriminalitätsprobleme nennt sich *Phishing*. Mit *Phishing* wird die Täuschung von Bankkunden anhand gefälschter Internetseiten oder E-Mails zur Preisgabe von Kreditkarten oder Zugangsdaten bezeichnet. Diese Daten können von Dritten genutzt werden, um Überweisungen oder Kreditkartenzahlungen zu Lasten des Kunden vorzunehmen. Auch mit Erpressungen über das Internet ist zu rechnen. Beispielsweise existiert eine Schadsoftware, die den Anwender zur Zahlung einer Geldsumme auffordert.

Geht der Nutzer nicht auf die gewünschten Bedingungen ein, werden wichtige Daten unwiderruflich gelöscht.

Sogar Rogoff (2014, S. 10), einer der Befürworter von ausschließlich elektronischen Bezahlverfahren, warnt vor einer übermäßigen Abhängigkeit der Gesellschaft von elektronischen Systemen. Derartige Netze können sich als sehr anfällig darstellen. Papierwährung diversifiziert das Transaktionssystem und schützt es so gegen Cyberangriffe. Eine herausragende volkswirtschaftliche Bedeutung haben unter anderem Kommunikationsnetze, Verkehrsnetze, Energienetze, Wasserversorgung und Zahlungsnetzwerke. Bei jedem dieser Netze hat es für eine Volkswirtschaft gravierende Folgen, würde die Funktionsfähigkeit beeinträchtigt und beispielweise durch eine Cyberattacke außer Betrieb gesetzt. Ohne elektrische Energie wird der Produktionsprozess weitgehend lahmgelegt und die Haushalte unterliegen gravierenden Konsumbeschränkungen. In besonderer Weise gilt dies auch für den Zahlungsverkehr. Der reale Güterstrom setzt einen darauffolgenden Gegenstrom in Geld voraus. Auch die Finanzmärkte würden durch Probleme massiv behindert und implizieren eine Beeinträchtigung der Realwirtschaft (vgl. Krüger & Seitz, S. 11) „Die moderne arbeitsteilige Wirtschaft hängt zunehmend von der Funktionsfähigkeit großer Netzwerke ab (ebd.)."

Michler (2015, S. 15) beschreibt die Gewinnaussichten von Cyberkriminellen als deutlich höher als beim klassischen Überfall. Neben der Kriminalität im Internet erhöhen sich auch Risiken für Volkswirtschaften durch Cyberkriege. Zu den Schlüsselindustrien, die in einem Cyberkrieg bevorzugt angegriffen werden, gehören Zahlungssysteme anderer Staaten, um die Ökonomie zu schwächen oder lahmzulegen (vgl. Michler, 2015, S. 15).

Für Thiele (2015, S. 4) würde eine Abschaffung des Bargeldes lediglich die Symptome, nicht aber die Ursachen schattenwirtschaftlicher Aktivitäten bekämpfen. Nachhaltige Erfolge im Kampf gegen Kriminalität dürften sich mit diesem Vorgehen nicht realisieren lassen. Insgesamt muss vermutet werden, dass die Eliminierung von Bargeld der Kriminalität nicht den Boden entzieht. Die Möglichkeit, dass neuer Raum für kriminelle Kreativität und Erwerbszwecke entsteht, sollte berücksichtigt werden (vgl. Beck & Prinz S. 518).

Wird Papiergeld gegen den Willen der Bevölkerung abgeschafft, stellen Beck und Prinz (2015, S. 516) klar, dass Ersatz gesucht wird, um Transaktionen weiterhin anonym abzuwickeln. Im Bereich der Schwarzarbeit wäre es möglich, dass sich alternative Bargeldformen etablieren. Eine der ersten möglichen Reaktionen wäre, das bestehende Bargeld zu Horten und nicht in digitale Währung umzuwandeln. Das gehortete Geld degeneriert in diesem Szenario zu einer Art Währung innerhalb der Schattenwirtschaft. Auch Krüger und Seitz (2015, S. 10) bezweifeln die Wirksamkeit der Maßnahme einer Abschaffung bei der Bekämpfung von Schattenwirtschaft. Wenn ein Währungsgebiet den Schritt nur isoliert vornimmt, so tritt der Effekt sehr begrenzt auf. Die Schattenwirtschaft würde vermehrt auf ausländische Währungen ausweichen.

3.3 Emission von Bargeld und dessen Kosten

Innerhalb dieses Kapitels wird gegenübergestellt, ob Bargeld oder elektronisches Geld in der Transaktionsabwicklung kostengünstiger ist. Hierbei wird eine Vergleichsanalyse von Krüger und Seitz (2014) herangezogen.

Forderungen, das Bargeld abzuschaffen, werden des Öfteren damit begründet, es sei als Zahlungsmittel zu teuer. Diese Aussage bezieht sich nicht ausschließlich auf dessen Transaktionskosten, sondern auch auf den hohen Arbeitsaufwand, der im Umgang mit Bargeld im Vergleich zum Giralgeld entsteht. Während bei Zentralbanken bzw. Staaten Gewinne aus dem Monopol der Zentralbankgeldschöpfung und des Münzregals anfallen, entstehen bei Banken Kosten im Zusammenhang mit der Bargeldhaltung und -versorgung (vgl. Noack & Philliper, 2016, S. 15). Für Goodfriend (2015, S. 24) besteht kein Zweifel, dass bis zum Ende der Abschaffung der Papierwährung der mobile Zugang zu Bankeinlagen erheblich günstiger und einfacher wird und elektronische Währungssubstitute weit verbreitet sind. Jüngste Fortschritte in der Zahlungsverkehrstechnologie in Verbindung mit der weit verbreiteten Nutzung von Internet, WiFi und Smartphones bieten auch für Kunden eine praktische, kostengünstige Nutzung am PoS (vgl. ebd., 2015, S. 27).

Zusätzlich spricht die Gefahr von Raubüberfällen gegen die Beibehaltung von Bargeld und der damit verbundenen anteiligen Kosten für Präventivmaßnahmen und Versicherungen, die aufkommen, wenn Beträge so hoch sind, dass diese sowohl im privaten als auch im gewerblichen Bereich nicht ohne Sicherung aufbewahrt werden können (vgl. Hennies, 2016, S. 4).

> „Ein effizientes Zahlungssystem ist kein Selbstzweck, sondern notwendige Voraussetzung für die Förderung des nationalen und internationalen Handels, sowie für die Entwicklung eines effizienten Finanzsystems und damit letztlich auch der Gesamtwohlfahrt (Krüger & Seitz, 2014, S. 13)."

Rogoff (2014, S. 9) ist sich nicht sicher, wie sich eine schnelle Umstellung auf bargeldlose Zahlungssysteme auf die Transaktionskosten auswirkt. Einzelhändler sind i.d.R. gezwungen, eine anteilige Gebühr an Unternehmen, wie MasterCard oder Visa, für Kreditkarten-Dienstleistungen zu bezahlen.

Im Rahmen der von der Deutschen Bundesbank in Auftrag gegebenen Analyse „Kosten und Nutzen des Bargelds und unbarer Zahlungsinstrumente" von Krüger und Seitz (2014) sollen neben der volkswirtschaftlichen Bedeutung des Zahlungsverkehrs die Kosten und der Nutzen barer und unbarer Zahlungsmittel analysiert werden. Es existieren bereits einige Analysen, welche die Kostenvergleiche verschiedener Zahlungsmittel aufstellen. Die neueren Studien, die in den meisten Fällen alle am Forderungsausgleich beteiligten Parteien heranziehen, berechnen üblicherweise sog. *Ressourcenkosten*[18]. Einen Überblick über ausgewählte Studien geben Koivuniemi und Kemppainen (2007) sowie Hayashi und Keeton (2012). Die gravierenden unterschiedlichen globalen Entwicklungen legen bereits nahe, bei einem internationalen Vergleich von Zahlungsverkehrssystemen Vorsicht walten zu lassen, was im besonderem Maße für Kostenvergleiche gilt. Unterschiedliche Schlussfolgerungen der Untersuchungen stellen heraus, dass das Bedürfnis besteht, für jede Zentralbank eine eigene Studie hervorzubringen (vgl. Krüger & Seitz, 2014, S. 53).

Auf Basis der genannten Arbeiten legen Krüger und Seitz (2014) eine Schätzung für die Kosten von Bargeldemission und -haltung einzelner Länder dar. Um einen groben Überblick über ihre Vorgehensweise zu geben, werden im Folgenden einzelne Phasen kurz erläutert. Im ersten Schritt werden die *Ressourcenkosten* der verschiedenen Sektoren miteinander addiert, um herauszufinden, wie hoch diese im Detail sind. Die fünf Sektoren bestehen aus: privaten Haushalten, Einzelhandel, Banken, sonstigen Unternehmen und der Zentralbank (siehe Abbildung 20).

In einem weiteren Schritt werden diejenigen Kosten subtrahiert, die für einen anderen Sektor Erträge generieren. Diese Erträge können aus Zinsen, Gebühren oder Ähnlichem entstehen und stellen sog. externe Kosten dar (vgl. ebd., S. 53ff).

---

[18] Der häufig zu Ressourcenkosten synonym verwendete Begriff der sozialen Kosten ist verwirrend, da er eigentlich als feststehender Terminus bereits existiert (vgl. Krüger & Seitz, 2014, S. 53).

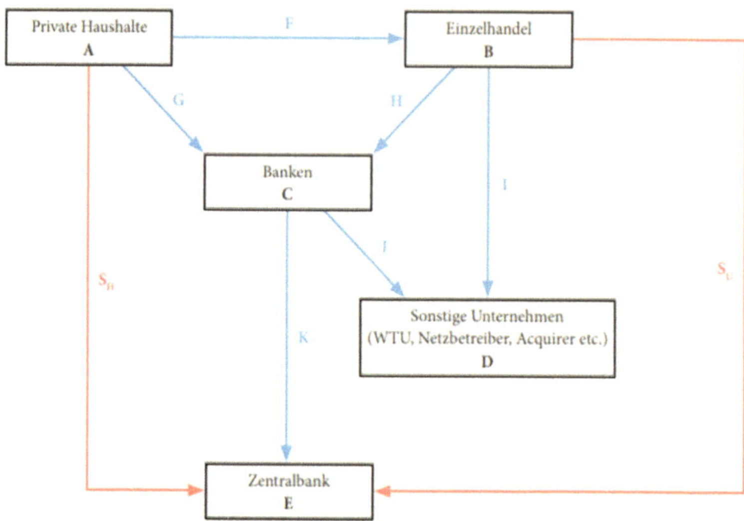

Abbildung 20: Kosten im Zahlungsverkehr (Krüger & Seitz, 2014, S. 55).

Für jeden der Sektoren wird der tatsächliche Aufwand ausgewiesen. Die Buchstaben *A-E* zeigen die gesamten privaten Kosten aller Sektoren auf. Es handelt sich hierbei um den eigenen Ressourcenaufwand, d.h. interne und externe Kosten in Form bezahlter Dienstleistungen. Beispiele hierfür sind der Aufwand der Händler für das Zählen des Papiergeldes, der Aufwand der Geschäftsbanken für Ein- und Auszahlungen und die Kosten der Zentralbank für Gelddruck und -bearbeitung.

Die blauen Pfeile *F-K* bezeichnen Gebühren, die im Zusammenhang mit Zahlungsverkehrsdiensten stehen, sowie direkt in Rechnung gestellte Kosten anderer Sektoren. Pfeil *F* repräsentiert Kosten, die Konsumenten vom Einzelhandel für den Einsatz von Zahlungsmedien in Rechnung gestellt werden. Unter den Pfeilen *G* und *H* werden Kontoführungsgebühren sowohl von privaten Haushalten als auch für Unternehmen abgebildet. Unter *I* sind Gebühren aufgeführt, die von Händlern an einen Acquirer für die Abrechnung und Akzeptanz von Kreditkartenzahlungen zu leisten sind. *J* stellt die Kosten, die die Banken für den Transport von Bargeld an Werttransportunternehmen zu zahlen haben dar und Pfeil *K* die Gebühren, die ein deutsches Kreditinstitut an die Deutsche Bundesbank für die Abwicklung von SEPA-Zahlungen zu leisten hat (vgl. ebd., S. 53ff).

Um die Kosten pro Zahlungsinstrument zu vergleichen, ist es zudem nötig, die Zahl oder den Wert der Transaktionen abzuschätzen. Dies ist gerade beim Bargeld schwierig. Hohe Kosten pro Transaktion können an einer ineffizienten

Zahlungsmethode liegen, aber auch an einem hohen durchschnittlichen Transaktionswert oder der geringen Ausnutzung von Skalenerträgen (vgl. ebd., S. 58). Für Bargeld werden relativ hohe variable und relativ niedrige fixe Kosten geschätzt, deshalb sinkt die relative Vorteilhaftigkeit von Bargeld mit der Transaktionshöhe (vgl. ebd., S. 62).

Kosten von Zahlungsmedien: in Prozent des Umsatzes					
	Bargeld	Karten	Debit	Kredit	Gesamt
US 2003 $54	4,02		1,97	2,14	
US 2003 $11	7,85		8,68	8,25	
Austr. 2005 $A50	3,28		1,60	1,98	
Austr. 2005 $A10	9,60		8,00	9,90	
Australien 2007	3,16		1,79	2,94	
Deutschland 2004	1,78		1,33	3,09	1,77
Belgien 1998	9,00	1,23			
Schweden 2009	3,29		1,09	2,38	
Norwegen 2007	1,67	1,49			
Dänemark 2009	3,90	0,99	0,84	5,38	0,85
Ungarn 2009	0,39		2,87	9,83	
Niederlande 2002	3,20		1,11	3,12	
Italien 2009	1,07		0,54	1,73	
EU13 2009	2,30	1,70	1,40	3,40	

Tabelle 2: Kosten von Zahlungsmedien (Krüger & Seitz, 2014, S. 59).

In Tabelle 2 sind die Kosten pro Transaktion in Prozent des Umsatzes einiger Länder aufgezeigt. National gibt es unterschiedliche fixe Kosten pro Transaktion. Somit beeinflussen die betrachteten Transaktionsbeträge das Ergebnis. Die Tabelle zeigt anschaulich die große Spannweite der Ergebnisse (vgl. ebd., S. 58).

Aus der oben genannten Studie von Krüger und Seitz (2014) lässt sich kein eindeutiges Ergebnis ableiten, jedoch bestätigt diese, dass Bargeldhaltung und -emission mit hohen Kosten verbunden sind. Nun stellt sich die Frage, ob sich durch die Einführung eines ausschließlich elektronischen Zahlungssystems die Ressourcenkosten reduzieren. Eine These, wonach Bargeld grundsätzlich teurer sei, kann somit nicht gestützt werden (vgl. Noack & Philliper, 2016, S. 15).

Beck und Prinz (2015, S. 18) bemerken zusätzliche Kosten, die bei einer rein elektronischen Währung durch eine erhöhte Rechnerkapazität entstehen. Auch der Bedarf an größeren und leistungsfähigeren Infrastrukturen, die aufgebaut und betrieben werden müssen, ist nicht zu unterschätzen. Ein erheblicher Mitteleinsatz bei der Bekämpfung von Cyberkriminalität (siehe Kapitel 3.2) ist zu erwarten. Dieser Aufwand steigt mit dem Anteil elektronischer Zahlungen. Je höher die Transaktionsanzahl umso mehr lohnen sich kriminelle Attacken auf die elektronische Infrastruktur.

Zwar fällt nur ein Anteil der volkswirtschaftlichen Kosten direkt im Handel an, doch stellt dieser aktuell fest, dass Bargeld insbesondere bei kleineren Beträgen kostengünstiger ist. Die Deutsche Bundesbank arbeitet zudem stetig daran, durch Investitionen und technische Neuerungen die Kosten der Bargeldbearbeitung und des Gelddrucks zu reduzieren. So wird beispielsweise in den nächsten Jahren[19] eine neue Bundesbankfiliale in Dortmund zu diesem Zweck in Betrieb genommen (vgl. Thiele, 2015, S. 4). Die Frage nach dem Transaktionskostenvorteil auf Basis der Ergebnisse kann derzeit nicht eindeutig beantwortet werden. Zudem ist Vorsicht geboten, wenn aus den vorliegenden Kennzahlen Rückschlüsse auf die Effizienz eines Zahlungsmittels gezogen werden sollen (vgl. Beck & Prinz, 2015, S. 519). Ist nach der Effizienz einzelner Zahlungsmittel oder des gesamten Zahlungsspektrums gefragt, sollte der volkswirtschaftliche Blickwinkel die betriebswirtschaftliche Sichtweise dominieren (vgl. Krüger & Seitz, 2014, S. 68).

3.4 Bargeld als Schutz vor ungewollter Datenerhebung

In diesem Abschnitt wird auf die Verletzung der informationellen Selbstbestimmung durch eine Bargeldabschaffung Bezug genommen. Geld verkörpert Entscheidungsfreiheit für seinen Besitzer. Schon im 19. Jahrhundert hatte Fjodor Michailovitsch Dostojewski offenbart: „Geld ist geprägte Freiheit (Dostojewski, 2012, S. 23)". Dies gilt im gegenwärtigen Sinne ausschließlich für bares Geld. Sämtliche alternative Geldformen sind einer potentiellen Überwachung ausgesetzt.

Selbst bei traditionellen Bezahlverfahren wie Überweisungen, Lastschriften etc. werden Nutzungsdaten generiert, aus denen Rückschlüsse auf das Verhalten des Bezahlenden gezogen werden können. Eine Abschaffung des Bargeldes birgt

---

[19] Pressenotiz Deutsche Bundesbank vom 3.09.2015: Voraussichtliche Inbetriebnahme 2. Quartal 2019.

Gefahr, dass Transfers von Kaufkraft nur noch über nachvollziehbare Bankverbindungen und der dort geführten Konten möglich sind. Durch seinen Einsatz hat der Agierende die Möglichkeit, anonym zu bleiben, die Kontrolle über eigene Daten zu behalten und sich einer Überwachung zu entziehen. Das bare Zahlungsmittel gibt keinen Aufschluss über die Identität eines Käufers (vgl. Hennies, 2016, S. 3).

Geldscheine sind mit einer Seriennummer versehen, welche eingelesen werden kann. Anhand dieser Nummer ist es möglich, Bezahlvorgänge einer bestimmten Person zuzuordnen. In der Realität ist dieses Verfahren nicht anwendbar, da Bargeld zu häufig seinen Besitzer wechselt, ohne dass dabei die Identität des Nutzers mit dieser Nummer verknüpft wird (vgl. Sorge, 2015, S. 520).

Im Zusammenhang mit der Nutzung elektronischer Zahlungsvorgänge fallen beachtliche Mengen an Daten an. Hierbei handelt es sich zumeist um personenbezogene Daten, wie Einzelangaben über persönliche oder sachliche Verhältnisse einer bestimmbaren natürlichen Person. Die konkrete Bestimmbarkeit einer Person ist schon dann gegeben, wenn durch das Hinzufügen weiterer Informationen die Identität ermittelbar ist (vgl. BDSG §3). Laut Noack und Philliper (2016, S. 15) ist nicht nur die Erfassung der Zahlungsvorgänge bedenklich, sondern auch die Erhebung personenbezogener Daten im Zusammenhang mit Bezahlvorgängen. „Personenbezogene Daten sind Einzelangaben über persönliche oder sachliche Verhältnisse einer bestimmten oder bestimmbaren natürlichen Person (Betroffener) (§1 BDSG)."

Beim bargeldlosen Bezahlen ist es möglich, anhand dieser Daten Bewegungs-, Konsum- und Persönlichkeitsprofile zu erstellen. Aggregiert können sie kommerziell und ohne Einwilligung des Betroffenen verwendet werden. Zu berücksichtigen ist, dass dem Nutzer meist nicht bekannt ist, welcher Verwendung seiner Daten er zustimmt, da diese in sehr umfangreichen Nutzungsbedingungen versteckt sind. Auch diktatorische Regime können in einem bargeldlosen System besser überwachen und die gewonnenen Daten als totalitäre Maßnahmen verwenden und somit die Autonomie der Bevölkerung einschränken (vgl. Noack & Philliper, 2016, S. 15).

Beck und Prinz (2015, S. 519) fürchten ein gravierendes politisches Problem hinter einer Bargeldabschaffung. Sie bezeichnen die Bedenken der Bürger als Hauptargument, bestünde die Möglichkeit des Staates, jeden beliebigen Geldtransaktionsvorgang zurückzuverfolgen.

Krüger und Seitz (2015, S. 10) sprechen von einem enormen Kontrollpotential, das sich durch einen rein elektronischen Zahlungsverkehr entwickelt.

> „In modernen, computerisierten Gesellschaften ist der Mensch bereits in weitem
> Maße kontrollierbar: durch Aktivitäten im Internet, durch die Videoüberwachung öf-
> fentlicher Plätze, durch die Nutzung von Mobiltelefonen und durch die Verwendung
> vielfältiger elektronischer Zahlungsmittel (Krüger & Seitz, 2015, S. 10)."

Bis zum heutigen Tag sind Zahlungsdaten in Deutschland relativ unvollkommen, da die meisten Zahlungen in bar abgewickelt werden und von Dritten nicht nachvollziehbar sind. Im Jahr 2011 schätzen Krüger und Seitz (2014, S. 27) die Zahl der Bartransaktionen in Deutschland auf 32 Mrd. Jeder Deutsche tätigt laut diesen Schätzungen im Durchschnitt 400 Bartransaktionen pro Jahr. Nur 36 Kartenzahlungen stehen dieser Zahl 2011 gegenüber. Diese Schätzung stellt eine Untergrenze dar.

Sorge (2015, S. 521f.) spricht in diesem Zusammenhang von einer Verletzung der informationellen Selbstbestimmung der Bürger. Bereits die Erhebung personenbezogener Daten signalisiert den Eingriff in die Freiheit und das Recht auf Selbstbestimmung. Sobald eine Erhebung stattgefunden hat, kann der Geschädigte nur schwer nachvollziehen, wie seine Daten verarbeitet und an wen sie weitergegeben werden. Bei Bezahlvorgängen kann ein umfassendes Bild der Interessen einer Person erstellt werden. Umgekehrt kann das Verhalten einer Person beeinflusst werden, wenn sie nicht informiert ist, wer beispielsweise von ihren Einkäufen oder in Anspruch genommenen Dienstleistungen erfährt. Seit den Enthüllungen von Edward Snowden im Juni 2013 ist bekannt, dass die massenhafte Analyse personenbezogener Daten nicht mehr nur eine abstrakte Gefahr darstellt.

Bei elektronischen Bezahlverfahren findet i.d.R. keine Datenerhebung oder -verarbeitung durch staatliche Institutionen statt. Grundrechte, wie das Recht auf informationelle Selbstbestimmung (vgl. Art. 2 Abs. 1 i.V.m. Art. 1 GG) können als Abwehrrechte zum Schutz gegen den Staat angenommen werden. Das Bestehen einer Schutzpflicht bezüglich der informationellen Selbstbestimmung bedeutet nicht, dass der Staat elektronische Zahlungsverfahren, die die Verarbeitung personenbezogener Daten erfordert, nicht zulassen darf.

In einem Urteil im Zusammenhang mit einer Volkszählung[20] hat das Bundesverfassungsgericht darauf hingewiesen, dass das informationelle Selbstbestimmungsrecht nicht schrankenlos gewährleistet werden kann (vgl. Sorge, 2015, S. 521f.).

---

[20] Bundesverfassungsgericht (BVerfG), Urteil vom 15.Dezember.1983, Az. 1 BvR 209/83, BVerfGE 65,1.

Keine Bedenken gegen die Verwendung personenbezogener Daten bestehen, solange sie sich in einem Rahmen bewegen, welcher für die Vertragsabwicklung notwendig ist. Die Abschaffung von Bargeld nimmt dem Bürger Alternativen, sich vor ungewollten Datenerhebungen zu schützen. Kein weiteres Bezahlverfahren erreicht einen ähnlich hohen Schutz vor Profilbildung wie das Bargeld. Das Bundesverfassungsgericht stellt im entsprechenden Urteil zusätzlich fest, dass eine motivfreie Vorratsdatenspeicherung per se verfassungswidrig ist. Ob diese Beurteilung auf den Zahlungsverkehr übertragen werden kann, ist nicht gesichert. Es entsteht ein Konflikt zwischen Strafverfolgungsbehörden und Datenschutz. Durch die Abschaffung von Papiergeld sorgt der Staat prinzipiell dafür, dass Daten anfallen. Würden diese Daten nur so lange gespeichert, wie es für die Zahlungsabwicklung nötig ist, wäre aus Sicht des Datenschutzes nichts gegen die Abschaffung des Bargeldes einzuwenden (vgl. ebd., S. 522).

Für Rösl und Seitz (2015, S. 527) stellt ein Verlust der Anonymität eine Verschlechterung der Situation des Käufers dar. Durch moderne Kommunikationsmedien, die Videoüberwachung öffentlicher Orte und die Benutzung von elektronischen Bezahlsystemen hinterlässt jeder einzelne eine Fülle von Spuren, welche potentiell nachvollziehbar und kontrollierbar sind. Halver (2015, S. 12), Mann (2016, S. 37), Rösl und Seitz (2015, S. 527) sprechen im Falle einer Abschaffung des Bargeldes sogar von potentiell „gläsernen" Bürgern bzw. Kunden.

Es existieren Alternativen zum Bargeld, mit denen sich Personen vor einer Datenerhebung schützen können, diese haben jedoch Nachteile. Auf den ersten Blick eignen sich einige alternative Zahlungsmethoden, um anonyme Transaktionen durchzuführen. Eine denkbare Alternative für das Bargeld wäre das Bezahlen mit Bitcoins. Es leidet jedoch unter Nachteilen (siehe Kapitel 2.1 *alternative Zahlungsmittel*). Steigt die Transaktionsanzahl an, wird eine mitwachsende Menge an Speicherplatz erforderlich. Auch die benötigte Datenübertragungsrate wächst mit der Anzahl an Nutzern (vgl. Sorge, 2015, S. 520f.).

Eine weitere anonyme Alternative zum Bargeld wäre beispielsweise die Prepaidkarte. Allerdings basiert die Anonymität von Prepaidkarten darauf, sie anonym erwerben zu können. Wird die Karte also nicht mit Bargeld, sondern von einem Bankkonto bezahlt, ist die Verknüpfung mit dem Inhaber dieses Kontos technisch möglich (vgl. Sorge, 2015, S. 520f.). Das BDSG definiert in § 3 Abs. 6 den Begriff des Anonymisierens:

> „Verändern personenbezogener Daten derart, dass die Einzelangaben über persönliche oder sachliche Verhältnisse nicht mehr oder nur mit einem unverhältnismäßig großen Aufwand an Zeit, Kosten und Arbeitskraft einer bestimmten oder bestimmbaren natürlichen Person zugeordnet werden können (§3 Abs. 6 BDSG)".

Laut Definition (§3 Abs. 6 BDSG) ist eine Prepaidkarte durchaus in der Lage „anonym" zu sein. Sie erlaubt eine Profilbildung des Nutzers unter einem Pseudonym, während die Identität nicht bekannt ist. Bei wachsender Anzahl an Transaktionen kann jedoch ein Personenbezug hergestellt werden. In einer Reihe von Anwendungsfeldern kristallisiert sich heraus, dass sich unter einem Pseudonym gespeicherte Daten oft im Nachhinein konkret zuordnen lassen (vgl. Sorge, 2015, S. 520f.).

Bargeld hat sehr spezifische Charakteristika, die es sehr schwer machen, ein perfektes elektronisches Substitut zu entwickeln, da es im Zusammenhang mit Anonymität ein Alleinstellungsmerkmal besitzt (vgl. Rösl & Seitz, 2015, S. 527).

Bei all diesen Gedankengängen stellt sich aber auch die Gegenfrage, ob die Möglichkeit einer vollständig anonymen Bezahlung wünschenswert ist. Immerhin sind auch die Interessen der Finanz- sowie der Strafverfolgungsbehörden legitim, durch eine Bargeldabschaffung Zahlungsströme überprüfbar zu machen und kriminelle Handlungen einzudämmen (vgl. Sorge, 2015, S. 520f.). Goodfriend (2015, S. 27) schlägt an dieser Stelle eine Art elektronische Währungskarte vor, die ähnlich bereits existenter Gutscheinkarten funktioniert und mit einem beliebigen Wert belastet werden kann. Die Point of Sale Technologie ist weiterhin verfügbar und ausgestattet, um die Währungskarten einzulesen und direkte Überweisungen zu tätigen. Es wäre möglich, dass Gutscheinkarten die Eigenschaften von Papierwährung, wie z.B. Anonymität, Portabilität, Sicherheit und Teilbarkeit erlangen.

Ein anspruchsvolles Thema bei der Eliminierung des Bargeldes in Bezug auf Datenschutz ist das Gleichgewicht zwischen dem Recht des Einzelnen auf Privatsphäre und der Notwendigkeit des Staates, Gesetze durchzusetzen, Steuern zu erheben oder den Terrorismus zu bekämpfen. Die Problematik einer umfassenden Überwachung von Smartphones oder E-Mails ist bereits jetzt weit verbreitet. GPS-Geräte in Mobiltelefonen und Fahrzeugen ermöglichen es, Personen zu orten. In großen Städten sind Überwachungskameras allgegenwärtig. Da die Kosten für Datenspeicherung und -verarbeitung erheblich gesunken sind, nutzen große Unternehmen diesen Vorteil zur Überwachung der Aktivität. Wie sich dieses Gleichgewicht entwickelt, wird in Zukunft Einfluss auf die Bedingungen für alternative anonyme Bezahlungstechnologien haben. Regierungen stehen dann vor der Frage, wie sich Gesetzgebung und Innovationsförderung miteinander kombinieren lassen (vgl. Rogoff, 2016, S. 134ff.).

3.5 Weiterführende Argumentationen

Neben den genannten Hauptargumenten in den Gliederungspunkten 3.1 bis 3.4 werden im Bereich der Debatte zwei weitere hervorgebracht, welche nur vereinzelt genannt werden, jedoch nicht vollständig außer Acht gelassen werden sollten. In diesem Kapitel werden diese aufgegriffen: die Verbreitung von *Krankheiten* mittels Geldscheinen und Münzen durch Kontaktkontamination und der *Kontrollverlust* über die Finanzsituation der Bürger bei ausschließlich elektronischer Zahlungsmöglichkeit.

Ein von Vriesekoop et. al. (2016, S. 10ff.) erwähntes Argument ist die Verbreitung von *Krankheiten* und Bakterien durch Geldscheine. Geld in Form von Banknoten oder Münzen sind diejenigen Artikel, die am Weitesten in der globalen Welt zirkulieren. Bargeld wird als Medium für den Austausch von Waren und Dienstleistungen verwendet. Laut einer indischen Studie der Mikrobiologie, *Assessment of Microbial Contamination of Paper Currency Notes in Circulation,* liegt jedoch an dieser Stelle ein Problem. Die Kontamination von Geldscheinen spielt eine wichtige Rolle bei der Übertragung globaler Infektionskrankheiten (vgl. Sucilathangam et al., 2016, S. 735). Mann (2016, S. 66) hält dementsprechende Hypothesen für gezielte Maßnahmen, um beim Verbraucher gedankliche Bilder zu erzeugen und ihn mit Hilfe dieser Bilder zu manipulieren, um sich gegen Bargeld auszusprechen.

Hennies (2016, S. 6), Niepelt (2015, S. 8) und Heisterhagen (2003, S. 386) erwähnen zudem noch einen psychologischen Aspekt: das Gefühl der Bevölkerung, durch die Nutzung von Bargeld eine *bessere Kontrolle* über eigene Ausgaben zu haben. Kunden an der Ladenkasse stehen oft zwischen der Entscheidung, ihren Einkauf mit Bargeld oder mit Karte zu bezahlen. Im Rahmen von geführten Interviews im Auftrag der Deutschen Bundesbank 2014[21] sollte herausgefunden werden, ob Personen sich am Point of Sale[22] aufgrund bestimmter Kriterien für Bargeld- oder

---

[21] Die Studie ist repräsentativ für Personen über 18 Jahren, die in der Bundesrepublik Deutschland in Privathaushalten leben. Insgesamt beantworteten 2.036 Personen den Fragebogen, von 2.019 Personen liegt außerdem das Zahlungstagebuch vor (vgl. Deutsche Bundesbank, 2014a, S. 12).

[22] Der PoS bezieht sich auf den Ort, an dem Waren oder Dienstleistungen verkauft und bezahlt werden.

Kartenzahlung entscheiden. Die Ergebnisse der Interviews ergeben, dass sich viele Menschen schon im Vorfeld des Einkaufs auf eine Bezahlart festlegen. Abbildung 21 zeigt, dass 33% der Umfrageteilnehmer angaben, grundsätzlich bar zu bezahlen, obwohl sie Zahlungskarten besitzen.

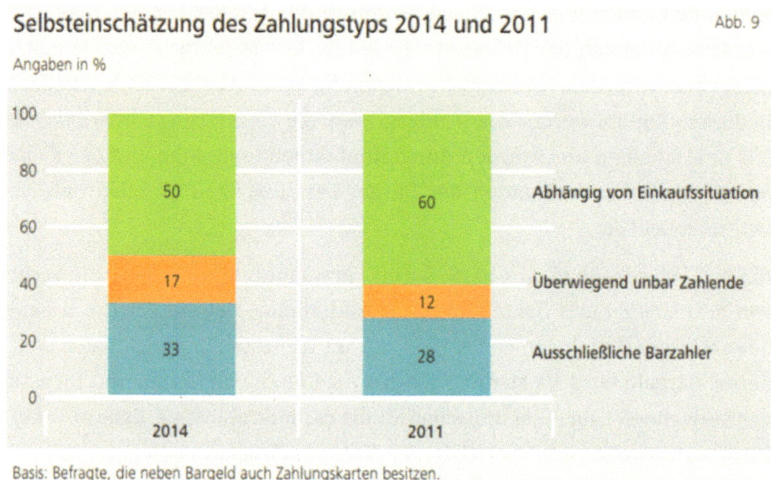

Abbildung 21: Selbsteinschätzung des Zahlungstyps 2014/2011 (Deutsche Bundesbank, 2014a, S. 39).

In der oben genannten Studie werden die Probanden nach den Gründen befragt, sich für eine Barzahlung und damit gegen die Benutzung der Karte zu entscheiden. In Abbildung 22 sind häufig genannte Argumente aufgeführt.

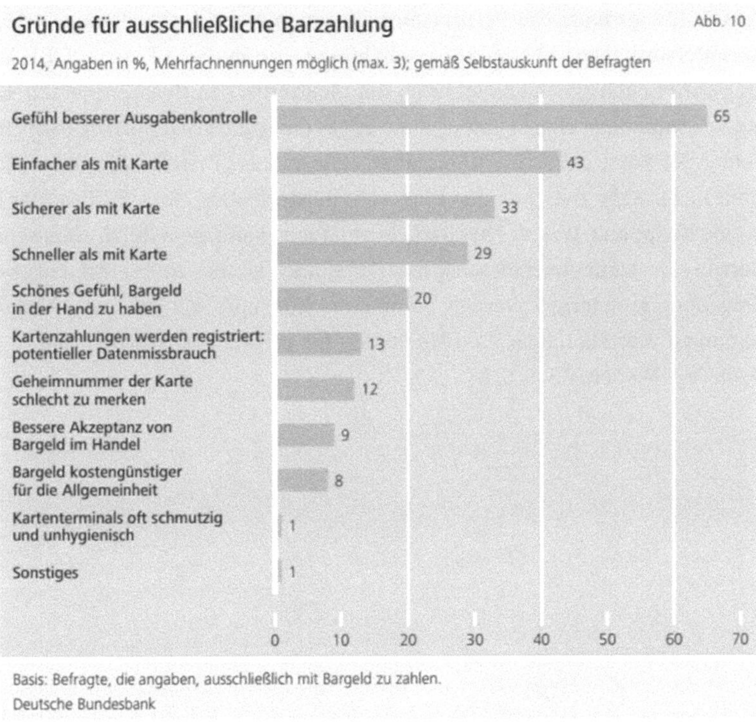

Abbildung 22: Gründe für ausschließliche Barzahlung (Deutsche Bundesbank, 2014a, S. 41)[23].

Der meist erwähnte Grund, weshalb sich jeder dritte Deutsche für eine Barzahlung am PoS entscheidet, ist das Gefühl der Personen, die Ausgaben besser zu kontrollieren. Interessant ist auch, dass die vorzugsweise bargeldlos bezahlenden Personen angeben, die Nutzung von Bargeld verschaffe ihnen einen besseren Überblick über die eigene Finanzsituation. Mit nennenswertem Abstand werden für die Gründe der ausschließlichen Barzahlung Einfachheit, Sicherheit und Schnelligkeit genannt (vgl. Deutsche Bundesbank, 2014a, S. 38-42). „Bargeld hat eine Signalfunktion; es zeigt dem Besitzer, über wie viel Kaufkraft er noch verfügt (Hennies, 2016, S. 6)." Dies ist eine mögliche Erklärung dafür, weshalb es Personen schwerer fällt, Bargeld im Vergleich zu digitalem oder Kartengeld auszugeben. Dies könnte ein weiterer plausibler Grund sein, weshalb mit dem Vordringen virtuellen Geldes die

---

[23] Alle Angaben sind in Prozent. Pro Person waren maximal drei Nennungen von Gründen gültig.

Verschuldungsquote der Verbraucher allgemein steigt (vgl. Hennies, 2016, S. 6). Auch Heisterhagen (2003, S. 386) stellt hierzu eine ähnliche These auf: Die Vorstellung vom Geldausgeben ändert sich mit elektronischen Bezahlsystemen. Kartennutzer empfangen eine Leistung, ohne etwas dafür physisch „fortzugeben". Der Benutzer der Karte neigt zum Überziehen aufgrund des Dispokredits. Das Geld „zerrinnt nicht mehr zwischen den Fingern" (Heisterhagen, 2003, S. 386). Das Gefühl für die Knappheit, welches bei Bargeld entstehen kann, geht durch eingeschränkte Nutzung im Laufe der Zeit verloren. Für Kinder könnte es in einer bargeldlosen Umgebung schwieriger werden, elementare Konzepte, wie das einer Budgetrestriktion zu verstehen oder eine Motivation für private Ersparnisbildung zu entwickeln (vgl. Niepelt, 2015, S. 8).

4 Fazit

Die wissenschaftliche Arbeit stellt die Diskussion um die elementare Abschaffung des Bargeldes bzw. einen Gesamtüberblick über die aktuell diskutierten Argumente dar. Position wurde bei der Bearbeitung des Themas nicht bezogen. Beginnend mit der Klärung einleitender Begriffe, der Funktionen des Papiergeldes im Wirtschaftsgeschehen und Zahlungsmittel im Wandel, wurde die Relevanz des Themas durch aktuelle Materie gestützt: die am 4. Mai 2016 vom EZB-Rat beschlossene Abschaffung des 500-Euro-Scheines, die Einführung von Bargeldobergrenzen innerhalb der EU und der Vorreiterrolle in bargeldloser Transaktionsabwicklung skandinavischer Länder. Im Hauptteil wurden die in der Gegenüberstellung genannten Argumente für und gegen eine globale Abschaffung aufgeführt und innerhalb der Gliederungspunkte diskutiert, jedoch nicht persönlich kommentiert.

Im Wesentlichen wurden folgende Ergebnisse herausgearbeitet: Die Existenz von Bargeld macht es für Zentralbanken schwierig, Zinsraten deutlich unter Null zu implementieren und somit auf Schocks in geeignetem Maße zu reagieren. Niedrige Zinsen sind ein längerfristiges und weltweites Phänomen. Die Realzinsen sanken global, und kontinuierlich während der letzten 20 Jahre. Dies spricht dafür, dass der gleichgewichtige Realzins gefallen ist. Dahinter stehen demografische Entwicklungen und veränderte Verhaltensweisen von Konsumenten, die zu einem höheren Angebot an Ersparnissen und einer tieferen Investitionsnachfrage geführt haben. Die Bruttoinlandsprodukte der Industrienationen mussten durch die gegenwärtigen Handlungsbeschränkungen der Zentralbanken bereits gravierende Einbußen erfahren. Das geldpolitische Argument zielt darauf ab, dem Bürger die Wahlfreiheit bezüglich der Geldformen zu nehmen, indem Bargeld abgeschafft wird, um Buchgeld mit Negativzinsen zu belasten. Die Zinspolitik gilt als wichtigste Gestaltungsoption von Zentralbanken, um eine Stabilisierung konjunktureller Schwankungen zu ermöglichen.

Die Meinung, dass eine Bargeldabschaffung einen nicht gerechtfertigten Eingriff in die Grundrechte der Bevölkerung bedeutet, ergriffen die Gegenpositionen. Eine marktwirtschaftliche Grundordnung würde mittels dieser Maßnahme gebrochen. Die Auswirkungen einer Abschaffung sind begrenzt, wird diese nur innerhalb eines Währungsraumes durchgesetzt. Darüber hinaus ist expansive Geldpolitik keine Universallösung. Für eine nachhaltige Erholung der Weltwirtschaft sind nach wie vor realwirtschaftliche Anpassungen notwendig.

Die Eigenschaft der Anonymität des Papiergeldes, welches sich nur vereinzelt bis zum Ursprung verfolgen lässt, kann von kriminellen Organisationen zu illegalen Zwecken genutzt werden. Um die Dimension dieser Problematik zu erläutern, wurde eine Studie von Rogoff (2016, S. 83) herangezogen, der eine Netto-Steuerlücke innerhalb der USA in Höhe von 385 Mrd. Dollar feststellte. 10 bis 20% dieser Lücke gingen auf Steueroasen zurück, der Rest stammte jedoch aus Bereichen, in denen keine Drittinformationen verfügbar waren. Ein Großteil der Steuerlücke, d.h. ca. 50%, ließ sich auf bargeldintensive Bereiche zurückführen. Darüber hinaus könnten durch eine Abschaffung von Bargeld in Zukunft die internationale Korruption und Terrorfinanzierung eingedämmt werden. Die Gegenpositionen brachten hervor, dass schattenwirtschaftliche Aktivitäten nicht durch die Existenz von Bargeld entstünden. Es ließ sich kein eindeutiges Ergebnis bestimmen, indem Länder mit hoher Bargeldpräferenz einer höheren Belastung von kriminellen Tätigkeiten ausgesetzt waren. Darüber hinaus wurde herausgearbeitet, dass die Cyberkriminalität durch die Abhängigkeit der Bevölkerung von elektronischen Systemen an Aufschwung gewinnen wird.

Ökonomen begründeten die Forderungen nach einer Abschaffung des Öfteren damit, dass Bargeld als Zahlungsmittel zu teuer sei. Zahlreiche betrachtete Studien kamen zu keinem eindeutigen Ergebnis. Papiergeld wurden hohe variable, jedoch niedrige Fixkosten zugeordnet. Durch die Einführung eines rein elektronischen Zahlungssystems werden ebenfalls hohe Kosten erwartet. Die volkswirtschaftliche Sichtweise sollte in diesem Punkt die betriebswirtschaftliche dominieren.

Bei allen elektronischen Bezahlverfahren werden Daten unabhängig der Zustimmung des Nutzers erhoben. Mit einer Abschaffung des Bargeldes werden sämtliche Transaktionen nachvollziehbar. Ein „gläserner" Bürger entsteht, welcher durch Bewegungs- und Konsumprofile kommerziell beeinflusst wird. Dies führt zu einer Verletzung der informationellen Selbstbestimmung. Die Nachvollziehbarkeit aller Daten wäre jedoch in Zukunft hilfreich für Strafverfolgungsbehörden und die Problematik einer umfassenden Überwachung von Smartphones oder E-Mails ist bereits jetzt weit verbreitet. An dieser Stelle wäre ein Gleichgewicht essentiell zwischen dem Recht des Einzelnen auf Privatsphäre und der Notwendigkeit des Staates, Gesetze durchzusetzen, Steuern zu erheben oder den Terrorismus zu bekämpfen.

Am Ende der Arbeit begegneten dem Leser zwei weitere Argumente: Für die Beibehaltung von Bargeld sprach die bessere Kontrolle des Einzelnen über Ausgaben. Die Deutsche Bundesbank bestätigte diese These durch Umfrageerhebungen. Als

Nachteil wurde die mögliche Kontamination von Geldscheinen mit Keimen und Bakterien genannt. Dieser konnte eine Rolle bei der Übertragung von Infektionskrankheiten zugeordnet werden.

Während der Auseinandersetzung mit dem Thema wurde deutlich, dass ein objektives Beziehen einer der beiden Standpunkte zum gegenwärtigen Zeitpunkt nicht möglich ist. Zu sehr widersprechen sich einzelne Aussagen der Ökonomen. Viele der genannten Punkte heben sich gegenseitig auf, was nicht heißt, dass diese missachtet werden sollten. Der Staat wäre gefordert jede Form der elektronischen Bezahlung nur in einem regulierten Rahmen und mit strengen Auflagen für Datenschutz und Sicherheit zu gestatten. Das Recht bar bezahlen zu dürfen ist zumindest in Deutschland gesetzlich verankert, auch im gesetzlichen Rahmen müssten sich Änderungen ergeben. Dass sich in Zukunft Wandlungen innerhalb der Geldpolitik ergeben, ist offensichtlich. Es ist jedoch abzuwarten, in welchem Umfang eine vollständige Abschaffung des Bargeldes durchgesetzt werden kann.

Literaturverzeichnis

Agarwal, R. & Kimball, M. (2015): Breaking Through the Zero Lower Bound. International Monetary Fund Working Paper, Nr. 15/224.

Beck, H. & Prinz, A. (2015): Abschaffung des Bargelds als Wunderwaffe? Wirtschaftsdienst, Jg. 95, Nr. 8, S. 515-519.

Blanchard, O. & Dell'Ariccia, G. & Mauro, P. (2010, 12. Februar): Rethinking Macroeconomic Policy. IMF Position Note, Nr. 13/03.

Blanchard, O. & Illing, G. (2009): Makroökonomie. 5. Auflage, München: Pearson Education Deutschland GmbH.

Böckenförde, T. (2003): Die Ermittlung im Netz: Möglichkeiten und Grenzen neuer Erscheinungsformen strafprozessualer Ermittlungtätigkeit. 1. Auflage, Tübingen: Mohr Siebeck.

Böhle, K. (2004): Elektronische Zahlungssysteme, in: Kuhlen, R., Seeger, Th., Strauch, D. (Hrsg.): Grundlagen der praktischen Information und Dokumentation. Band 1: Handbuch zur Einführung in die Informationswissenschaft und – praxis. München: Saur, S. 673-680.

Bofinger, P. (2011): Grundzüge der Volkswirtschaftslehre - Eine Einführung in die Wissenschaft von Märkten. 3. Auflage, München: Pearson Education Deutschland GmbH.

Büschgen, H. (2012, 20. Januar): Das kleine Börsen-Lexikon. 23. Auflage, Stuttgart: Schäffer Poeschel.

Buiter, W. (2009): In eine bessere Zukunft mit negativen Zinsen. Abgerufen am 2.12.2016, von http://www.humane-wirtschaft.de/wp-content/uploads/2009/04/buiter_nullzins.pdf.

Buiter, W. (2009a, Juni): Negative Nominal Interest Rates: Three Ways To Overcome The Zero Lower Bound. Abgerufen am 25.12.2016, von http://www.nber.org/papers/w15118.pdf.

Bundeskriminalamt (2010): Polizeiliche Kriminalstatistik 2009: Bundesrepublik Deutschland. Wiesbaden: Bundeskriminalamt.

Bussmann, K. (2015): Dunkelfeldstudie über den Umfang der Geldwäsche in Deutschland und über die Geldwäscherisiken in einzelnen Wirtschaftssektoren. Abgerufen am 25.12.2016, von http://www.w-t-w.org/de/wp-content/uploads/2016/02/Geldwaesche-Deutschland-Studie.pdf.

Deutsche Bundesbank (2014): Die Euro-Banknoten. Vom Druck bis zur Vernichtung. Abgerufen am 22.12.2016, von https://www.bundesbank.de/Redaktion/DE/Downloads/Veroeffentlichungen/Bargeld/die_euro_banknoten_vom_druck_bis_zur_vernichtung.pdf?__blob=publicationFile.

Deutsche Bundesbank (2014a): Zahlungsverhalten in Deutschland 2014 Dritte Studie über die Verwendung von Bargeld und unbaren Zahlungsinstrumenten. Abgerufen am 10.01.2017, von https://www.bundesbank.de/Redaktion/DE/Downloads/Veroeffentlichungen/Studien/zahlungsverhalten_in_deutschland_2014.pdf?__blob=publicationFile.

Deutsche Bundesbank (2015, 3. September): Bundesbank baut neue Filiale in Dortmund. Abgerufen am 10.01.2017, von https://www.bundesbank.de/Redaktion/DE/Pressemitteilungen/BBK/2015/2015_09_03_filiale_dortmund.html.

Deutsche Bundesbank (2015a): Geld und Geldpolitik. Abgerufen am 30.01.2017, von https://www.bundesbank.de/Redaktion/DE/Downloads/Veroeffentlichungen/Schule_und_Bildung/geld_und_geldpolitik.pdf?__blob=publicationFile.

Dostoyevsky, F. (2012, 10. Mai): Aufzeichnung aus einem toten Hause. 12. Auflage, Hamburg: Tredition Classics.

Duden (2016): Abschaffen. Abgerufen am 30.01.2017, von http://www.duden.de/rechtschreibung/abschaffen.

Eilfort, M. & Raffelhüschen, B. (2016): Bares bleibt Wahres Bargeld als Garant für Freiheit und Eigentum. Stiftung Marktwirtschaft, ohne Jahrgang, Nr. 136, S.3.

Europäisches Verbraucherschutzzentrum Deutschland (2016, Februar): Höchstgrenzen Bargelzahlung. Abgerufen am 30.01.2017, von http://www.evz.de/de/verbraucherthemen/geld-und-kredite/im-ausland-bezahlen/hoechstgrenzen-bargeldzahlung/.

Fischer, B. & Köhler, P. & Seitz, F. (2004, April): The Demand for Euro Currencies, Past, Present and Future. ECB Working Paper Series, Nr. 2004/330.

Fish, T. & Whymark, R. (2015, 18. September): How has cash usage evolved in recent decades? What might drive demand in the future? Bank of England Quarterly Bulletin, Jg. 55, Nr. 3, S. 216-227.

Fredebeul-Krein, M. & Koch, W. & Kulessa, M. & Sputek, A. (2014): Grundlagen der Wirtschaftspolitik. 4. Auflage, München: UVK Verlagsgesellschaft mbH.

Goodfriend, M. (2015, 15. September): The Case for uncubering Interest Rate Policy at the Zero Bound. Abgerufen am 4.12.2016, von https://www.kansascityfed.org/~/media/files/publicat/sympos/2016/econsymposium-goodfriend-paper.pdf.

Gordon, R. (2014): The turtle's progress: Secular stagnation meets the headwinds, in: Teulings C. und Baldwin R. (Hrsg.), Secular Stagnation, Facts, Causes and Cures. Kansas City: CEPR Press, S. 47-60.

Halver, R. (2015, 16. Juli): Bargeldlosigkeit – die vorgeschobenen und tatsächlichen Gründe. IFO Schnelldienst, Jg. 68, Nr. 13, S. 12-14.

Hayashi, F. & W. R. Keeton (2012): Measuring the Costs of Retail Payment Methods. Federal Reserve Bank of Kansas City Economic Review, Jg. 2012, Nr. 2, S. 37-77.

Heisterhagen, T. & Hoffmann, R. (2003): Lehrmeister Währungskrise?! 4. Auflage, Wiesbaden: VS Verlag für Sozialwissenschaften.

Hennies, O. (2016): Bargeld als elementarer Bestandteil einer freiheitlichen Gesellschaftsordnung. Abgerufen am 5.12. 2016, von http://ojs.utlib.ee/index.php/TPEP/issue/view/866.

Koch, W. (2005): Das Schwarzarbeit-Änigma. Wirtschaftsdienst, Jg. 85, Nr. 11, S. 715-723.

König, J. (2016): Bares bleibt Wahres Bargeld als Garant für Freiheit und Eigentum. Stiftung Marktwirtschaft, ohne Jahrgang, Nr. 136, S. 4-20.

Koivuniemi, E. & Kemppainen, K. (2007): On Costs of Payment Methods: A survey of recent studies. Bank of Finland Working Paper, Nr. 6.

Krüger, M. & Seitz, F. (2014): Kosten und Nutzen des Bargelds und unbarer Zahlungsinstrumente - Übersicht und erste Schätzungen. Frankfurt am Main: Verlag Deutsche Bundesbank.

Krüger, M. & Seitz, F. (2015, 16. Juli): Bargeldlos oder bar jeglichen Verstands? Was die Abschaffung des Bargeldes bringt oder eben gerade nicht. IFO Schnelldienst, Jg. 68, Nr. 13, S. 9-12.

Lippert, O. & Walker, M. (1997): The Underground Economy: Global Evidences of its Size und Impact. 1. Auflage, Vancouver: The Frazer Institute.

Mann, G. (2016): Bargeldverbot: Alles was Sie über die kommende Bargeldabschaffung wissen müssen. 6. Auflage, München: FinanzBuch Verlag.

Matthes, H. (2011): Der aussichtslose Kampf gegen die Terrorfinanzierung. GIGA Focus Global, Nr. 2011/03.

Mauro, P. (1995, August): Corruption and Growth. The Quarterly Journal of Economics, Jg. 110, Nr. 3, S. 681-712.

Michler, A. (2015, 16. Juli): Diskussion um das Bargeld: Hätte eine Abschaffung von Banknoten und Münzen wirklich Vorteile? IFO Schnelldienst, Jg. 68, Nr. 13, S. 15-18.

Milkau, U. (2012): Von der Münze zum Smartphone – Bezahlkultur im Wandel. Forschung Frankfurt- Das Wissenschaftsmagazin, Jg. 30, Nr. 2, S. 20-23.

Mussel, G. (2010): Grundlagen des Geldwesens. 8. Auflage, Sternenfels: Verlag Wissenschaft und Praxis.

Niepelt, D. (2015, 16. Juli): Diskussion um das Bargeld: Hätte eine Abschaffung von Banknoten und Münzen wirklich Vorteile? IFO Schnelldienst, Jg. 68, Nr. 13, S. 6-9.

Noack, H. & Philliper, J. (2016): Bargeld – abschaffen? oder erhalten! Abgerufen am 2.12.2016, von http://library.fes.de/pdf-files/managerkreis/12691.pdf.

Porter, R. & Judson, R. (1996), The Location of U.S. Currency: How much is abroad? Federal Reserve Bulletin, Jg. 82, Nr. 10, S. 883-903.

Quitzau, J. (2016, 11. März): Negativzinsen und Bargeld- Warum Konsumzwang keine Lösung ist. Abgerufen am 2.12.2016, von https://www.berenberg.de/fileadmin/user_upload/berenberg2013/Publikationen/Berenberg_Makro/2016/2016-03-11_BERENBERG_MAKRO_Trends.pdf.

Rösl, G. & Seitz, F. (2015): Warum Bargeld nicht abgeschafft werden sollte – Effizienz-, Praktikabilitäts- und Implementierungsaspekte. Wirtschaftsdienst, Jg. 95, Nr. 8, S. 525-528.

Rogoff, K. (2014, 11. April): Costs and benefits to phasing out paper currency. NBER Macroeconomics Annual, Jg. 29, Nr. 1, S. 445-456.

Rogoff, K. (2016, 26. September): Fluch des Geldes. 1. Auflage, München: FinanzBuch Verlag.

Schneider, F. (2015): Schattenwirtschaft und Schattenarbeitsmarkt: Die Entwicklungen der vergangenen 20 Jahre. The Gruyter, Jg. 16, Nr. 1, S. 3-25.

Schneider, F. (2015a): Abgaben- und Steuerverluste aufgrund von Schattenwirtschaftsaktivitäten in OECD-Ländern von 2011 bis 2013: Eine vorläufige, rudimentäre Abschätzung. Aufgerufen am 13.01. 2017, von http://www.econ.jku.at/members%5CSchneider%5Cfiles%5Cpublications%5C2015%5CTaxLosses_Deutsch.pdf.

Schneider F. & Boockmann, B. (2016, 2. Februar): Die Größe der Schattenwirtschaft – Methodik und Berechnungen für das Jahr 2016. Aufgerufen am 25.12.2016, von http://www.iaw.edu/tl_files/dokumente/IAW_JKU_Schattenwirtschaft_Studie_2016_Methodik_und_Berechnungen.pdf.

Seidl, A. & Fuchs, K. (2010): Die Strafbarkeit des Phishing nach Inkrafttreten des 41. Strafrechtsänderungsgesetzes. HRRS, Jg. 11, Nr. 2, S. 85-92.

Siekmann, H. (2012): Staatslenker und Banken im Wettbewerb: Über die Entstehung des Papiergelds. Forschung Frankfurt- Das Wissenschaftsmagazin, Jg. 30, Nr. 2, S. 10-14.

Siekmann, H. (2016): Restricting the Use of Cash in the European Monetary Union. Institute for Monetary and Financial Stability Working Paper, Nr. 208.

Sorge, C. (2015): Bargeld und andere Bezahlverfahren. Wirtschaftsdienst, Jg. 95, Nr. 8, S. 519-522.

Sorge, C. & Krohn-Grimberghe A. (2013): Bitcoin – das Zahlungsmittel der Zukunft? Wirtschaftsdienst, Jg. 93, Nr. 10, S. 720-722.

Sucilathangam, G. et al. (2016): Assessment of Microbial Contamination of Paper Currency Notes in Circulation. International Journal of Current Microbiology and Applied Sciences, Jg. 5, Nr. 2, S. 735-741.

Summers, L. (2014): Reflections on the „New Secular Stagnation Hypothesis", in: Teulings C. und Baldwin R. (Hrsg.), Secular Stagnation, Facts, Causes and Cures. CEPR Press, S. 27-38.

Thiele, C. (2015, 16. Juli): Diskussion um das Bargeld: Hätte eine Abschaffung von Banknoten und Münzen wirklich Vorteile? IFO Schnelldienst, Jg. 68, Nr. 13, S. 3-6.

Viñals, J. & Gray, S. & Eckhold, K. (2016, 10. April): Die erweiterte Perspektive: Die positiven Auswirkungen negativer Nominalzinssätze. Aufgerufen am 12.01.2017, von http://www.imf.org/external/lang/german/np/blog/2016/041016g.pdf.

Vöcking, T. (2002): Assetklassen — ein Überblick, in: Kaiser H., Vöcking, T. (Hrsg.) Strategische Anlageberatung, Assetklassen und Portfoliomanagement, Wiesbaden: Gabler Verlag, S. 17-22.

Vriesekoop F. & Chen, J. & Oldaker, J. & Bernard, F. & Smith, R. & Leversha, W. Smith-Arnold, C. & Worrall, J. & Rufray, E. & Yuan, Q. & Liang, H. & Russell, S. (2016, 23. November): Dirty Money: A Matter of Bacterial Survival, Adherence, and Toxicity. Microorganisms, Nr. 4/12.

Winter, H. & Wörlen, H. (2015): Abschaffung des Bargelds als Wunderwaffe? Wirtschaftsdienst, Jg. 95, Nr. 8, S. 522-525.